AF596428

Neuphilologische Mitteilungen

Sonderabdruck

Inhalt

dieses am 29. November herausgegebenen Heftes:

Nr. 5/8 C. XXXI - 1930

Die nächsten Hefte werden u. a. enthalten:

M. Dillay, Claude Fauchet.
A. Jeanroy, Études sur l'ancienne poésie provençale, V.
A. Långfors, Mélanges de poésie pieuse.
O. Prosciutti, Virgilio.
L. Spitzer, Kat. *baluerna* 'Ungetüm'.
Maurice Vloberg, Analyse de la *Cour de Paradis*.

Neuphilologische Mitteilungen, herausgegeben vom Neuphilologischen Verein in Helsingfors. Redaktion (seit 1926): A. Långfors, Prof. d. roman. Philologie, H. Suolahti, Prof. d. german. Philologie. Jährlich acht Nummern. Jahrespreis Finn. Mark 35.—, bei der Redaktion Finn. Mark 30.— (nur für Finnland). Für die Mitglieder unentgeltlich.

Beiträge, Bücher und Zeitschriften an Prof. A. Långfors (Myntg. 3 B), Abonnementsbeträge und Bestellungen an Mag. phil. Åke Furuhjelm (Anneg. 2 A) erbeten.

Inhalt der letzten Jahrgänge.

XXIV (1923). H. 1 4, 5 6, 7 8. — 200 S. Fmk. 25. — A. H. Krappe, Origin of the *Geste Rainouart*; J. Vising, Perf. u. Imperf. in den rom. Spr.; O. J. Tallgren, Ms. gascon trouvé en Finlande; ders., La cartogr. ling. et le dioc. de Bazas; G. Lozinsky, „Mme Bovary" et „O Primo Basilio" de E. de Queiroz; F. Kluge, Nachlese zum Et. Wb.; H. Gürtler, Die Abstraktbild. des Ahd.; H. Pipping, Prof. E. Sievers u. die Metrik der Eddalieder; L. Spitzer, Etym. Miszellen; E. Öhmann, Das Suff. *-tät* im D. — Bespr. v. J. N. Reuter (Paul, Prinz.; Schrijnen, Einf. in das St. der idg. Sprachwiss.); A. Wallensköld (Vie de s. Thomas le Martyr par G. de Pont-Sainte-Maxence, p. p. Walberg); T. Haapanen-Tallgren (Levi, Piccarda e Gentucca); O. J. Tallgren (Pfandl, Itin. Hisp. Hier. Monetarii); G. Schmidt (Lorck, Die „erlebte Rede"); G. Biller (Tilander, Rem. sur le *Rom. de Renart*); E. Revert (Cahen, Ét. sur le vocab. rel. du vieux-scand.; Le mot „Dieu" en v.-scand.); A. Wallensköld (Aitken, Ét. sur le *Miroir* de R. de Gretham); L. Karl (Auerbach, Zur Technik der Frührenaissancenov. in Italien und Frankreich); V. Tarkiainen (Pfandl, Span. Literaturgesch. I).

XXV (1924). H. 1—2, 3, 4—8 (**H. Suolahti** dargebracht). — 256 S. Fmk. 25. — E. Öhmann, Zu den finn.-germ. Lehnbeziehungen; A. Ånttila, Une réminiscence bordelaise dans la langue finn.; L. Spitzer, Nochmals frz. *biffe*, schweizerfrz. *jaffer*; A. H. Krappe, The *Cantar de los Inf. de Lara* and the *Ch. de Rol.*; J. Vising, Frz. *viste, vite*; G. Tilander, Rép. à M. G. Biller à propos de son c.-r. des *Rem. sur le Rom. de Ren.*, avec une Répl. de G. Biller; E. Walberg, Raimon-Jordan, Ch. II, 43; E. Sievers, Himmel u. Hölle; J. Hoops, Angels. *blæd*; A. Goetze, Ein Nachklang des Grals; F. Kluge, Lex. Nachlese; H. Pipping, Sprachwiss. u. Metaphysik; E. Ochs, Das Fegfeuer im Germ.; O. Behaghel, Zu den Imperativnamen; E. Öhmann, Die frz. Wörter im Anord.; W. O. Streng, Einige Bem. zu der neuesten semas. Forschung; O. J. Tallgren, Savoir, comprendre, traduire; G. Ehrismann, „Idealtypen" unter den höf. Epikern d. mhd. Blütezeit; J. V. Lehtonen, Un passage de Shakespeare dans les „Réc. de l'Ens. Stål" de Runeberg?; W. Söderhjelm, H. Schück u. seine allgem. Literaturgesch.; E. Flinck, Einige Bem. zu den abs. Konstr. in den neueren Spr. — Bespr. v. L. Karl (La Fille du Comte de Pontieu, p.p. Brunel); A. Långfors (Kjellman, Le troub. Raimon-Jordan); E. Öhmann Horn, Sprachkörper u. Sprachfunktion); G. Schmidt (Braun, Die Urbevölk. Europas; Marr, Der japhet. Kaukasus); H. Suolahti (Rittertreue, hrsg. v. Thoma); V. Tarkiainen (Neubert, Die frz. Versprosa-Reisebrieferz.); A. Wallensköld (Hatzfeld, Leitfaden der vergl. Bedeutungslehre; Bojunga, Deutsche Sprachl.).

Feststellung: «Item in festo S. Johannis, Stephani et Innocentium nimia jocositate et scurrilibus cantibus utebantur, utpote farsis, conductis, notulis;[1] precepimus, quod honestius et cum majori devotione alias se haberent.»

Die vorstehenden Ausführungen verfolgten den Zweck, die literatur- und musikgeschichtlich wichtigen Punkte aus dem Komplex «der Tanz in der Kirche» herauszuschälen. Für die sehr interessante kulturhistorische Seite der Frage verweise ich nochmals auf die wertvolle Arbeit von Dom Gougaud und die dort angeführten reichen Quellen. — Einige andere Arten geistlicher Tänze seien hier, obgleich ohne Ertrag für unser Thema, noch kurz erwähnt, da sie sich bis in die neueste Zeit hineingerettet haben. Zunächst in Deutschland die bekannte Echternacher Springprozession, in der Überlieferung erwähnt erst seit dem 16. Jahrhundert. Auch in Spanien wird noch heute aus religiösen Anlässen an verschiedenen Orten getanzt; am bekanntesten sind die Tänze der *Seises* in Sevilla.

[1] So ist das überlieferte *motulis* zu verbessern. Keinesfalls handelt es sich um Motette, wie P. Aubry (*La Musique et les Musiciens d'Église en Normandie au XIIIe siècle*, Paris 1906, S. 31) annimmt. Ganz abgesehen von der textkritischen Schwierigkeit, ist es kaum anzunehmen, dass die sanglustigen Nönnchen in der Lage waren, ein musikalisch so schwieriges Gebilde wie die Motette zu bewältigen. Die *Notula* (meist *Nota*) ist eine der Arten der mittelalterlichen Liedkunst, die aus einer sehr alten Stufe der lateinischen Sequenz abgeleitet wurden, zunächst wohl nur als Instrumentalstücke, denen man später Texte ohne eigenen Wert unterlegte. Sie unterscheidet sich nach dem Theoretiker Johannes de Grocheo (ed. J. Wolf, in *Sammelb. der intern. Musikgesellschaft* I, S. 89) von den übrigen Arten: *Ductia* (Lai?) und *Stantipes* (Estampie) durch die Anzahl ihrer musikalischen Abschnitte *(Puncti)*. Freilich hat die einzige mit Noten überlieferte *Nota*, die afrz. *Note Martinet* (in der Liederhs. Paris BN. franc. 845 fol. 187, am Ende der verstümmelt erhaltenen Lai-Sammlung) im Gegensatz zu den (oft unzuverlässigen) Angaben des Theoretikers mehr als 4 Puncti und nähert sich so der Estampie. Erwähnt sei, dass die Note Martinet auch in Oxf. Bodl. Douce 308 fol. 207' erhalten ist; hier ist sie durch Irrtum aus den Estampien des 2. Abschnitts zwischen die Pastorellen geraten.

Und in Barjols (Dép. du Var) tanzte man nach Gougaud (S. 239) noch im Jahre 1913 während des feierlichen Hochamts für einige Augenblicke zum *Chant deï tripettos de San Marcéou.* — Weiteres Material, teils unkritisch verwertet, bringt A. Bayot in seiner schon erwähnten Ausgabe des *Poème moral,* S. CXXIX ff.

Duisburg. *Hans Spanke.*

Recherches sur les sources du *Credo* de Joinville.

Afin de faciliter la lecture de ce qui suit, nous reproduisons ci-dessous le texte des articles de la foi d'après le ms. de la B. Nat., nouv. acq. fr. 4509, en faisant suivre chaque phrase du *Credo* d'un résumé succinct du commentaire de Joinville, divisé en alinéas. Entre parenthèses, nous ajoutons les numéros des paragraphes de l'édition Natalis de Wailly, Paris, F. Didot, 1874.

Art. I. *Je croi en Dieu le Pere tout poissant, le creator dou ciel et de la terre.*

N:o 1. Explication de la miniature I. (778)

N:o 2. «Des prophecies n'a il nules...» (779)

Miniature I: Création du monde.

Art. II. *Et en Jhesu Crit son Fil, Nostre Seignor.*

N:o 1. Les trois anges chez Abraham. (*Gen.* XVIII, 1 sq.). (780)

Miniature II: le buisson ardent.

N:o 2. a) Le buisson ardent, (*Exode*, III, 2), et b) la rosée du ciel descendant sur la toison (*Juges*, VI, 36—40). (781)

Miniature III: Isaïe.

Art. III. *Qui est conceuz dou Saint Esperit......*

N:o 1. Prophétie d'Isaïe (*Is.* VII, 14). (782)

Miniature IV: Nativité.

..... *Né de la Virge Marie.*

N:o 2. Prophétie de Daniel (*Dan.* IX, 24 sq. XII., 11). (783)

Art. IV. *Qui souffri desouz Ponce Pylate......*

Miniature V: Jugement de Pilate.

N:o 1. Digression lyrique sur les souffrances du Christ.

Miniature VI: Portement de la Croix. (784)

N:o 2. Joseph vendu par son frère Judas (*Gen.* XXXVII, 23–28). (785)

N:o 3. La «cote» de Joseph = chair de Jésus-Christ. (786)

N:o 4. Les frères de Joseph découpèrent sa cote (*Gen.* XXXVII, 31–32). (787)

N:o 5. Résumé de la préfiguration de la «cote Joseph». (788)

N:o 6. Prophétie de David (*Ps.* CXXVIII, 3). (789)

..... *Et fu crucefiez et mors......*

Miniature VII: Crucifiement.

N:o 7. Isaac obéissant à son père = Jésus entre les deux larrons (*Gen.* XXII, 6; *Matt.* XXVII, 38 sq.). (790)

Miniature VIII: Le Christ entre deux larrons.

N:o 8. Prophétie de Jérémie (*Jér.* I, 12) (791)

Miniature IX: Jérémie.

N:o 9. Sang de l'agneau; la lettre Tau = signe de la croix (*Exode*, XII, 7; 12–13). (792)

N:o 10. Prophétie de David sur le pélican (*Ps.* CI, 7). (793)

N:o 11. Prophétie de la reine de Saba (*III Rois*; voir Appendice VII). (794)

N:o 12. Prophétie de Caïphas (*Jean*, XI, 49–51). (795)

N:o 13. Plusieurs «prophéties de la parole et de l'œuvre»:
a) prophétie d'Habacuc (*Hab.* III, 16); (796)
b) prodiges qui accompagnèrent la mort du Christ (*Matt.* XXVII, 45 sq.);
c) prophétie d'«un riche ome qui avoit cent chevaliers desouz lui — Centurio estoit apelés —» (*Matt.* XXVII, 54). (797)

Miniature X: Jonas et la baleine.

..... *Et fu encevelis.*

N:o 14. Jonas dans le ventre de la baleine (*Jonas*, II, 1–2 et 11). (798)

N:o 15. Paroles de Jésus-Christ sur Jonas (*Matt.* XII, 39; *Luc.* XI, 29). (799)

N:o 16. Paroles de Dieu à Job (*Job*, XL, 20). (800)

Miniature XI: Enfer.

Art. V. *Il descendi en anfer......*

N:o 1. Sanson (*Juges*, XIV, 8–9). (801)

N:o 2. Prophétie d'Osée (*Osée*, XIII, 14). (802)

..... *Et au tier jour resucita de mort.*

Miniature XII: Résurrection.

N:o 3. Digression sur la résurrection. (803)

N:o 4. Le lion et les lionceaux (voir Appendice V). (804)

N:o 5. Digression morale: nécessité de se confesser dans un délai de trois jours; témoignages: (805)
a) des saints, et
b) d'un païen, sur la nature du péché.

N:o 6. Prophétie de David (*Ps.* XXVII, 7). (806)

N:os 7 à 9. Exemple personnel (cf. *Histoire de saint Louis,* § 333—339). (807—815)
Miniature XIII, se rapportant à l'épisode sus-mentionné.

Art. VI. *Il monta es ciaux . . . . . .*
Miniature XIV, restée en blanc, et qui devait représenter un ange annonçant que Dieu re-viendrait au jour du Jugement.

N:o 1. Ravissement d'Élie (IV *Rois,* II, 11). (816)

N:o 2. Paroles du Christ (*Matt.* XVII, 11). (817)

N:o 3. «Cote» de Joseph présentée à Jacob (*Gen.* XXXVII, 32 sq.). (818—820)
Miniature XV: la «cote» de Joseph.

. . . . . *Et siet a la destre lou Pere tout poissant.*
Miniature XVI: Jésus à la dextre du Père.

N:o 4. Prophétie de David (*Ps.* CIX, 1—2). (821)

N:o 5. Digression de Joinville: explication du verset de David. (822)

N:o 6. Paroles de Job (voir Appendice IV). (823)

Art. VII. *Et venra au jour dou Jugement jugier les mors et les vis.*
Miniature XVII: le Jugement dernier.

N:o 1. Salomon jugeant les deux femmes = la Vieille loi et la Nouvelle loi; digression sur l'épée = droite justice (*III Rois,* III, 24—26; *Prov.* XXI, 3). (824—825)
Miniature XVIII: Jugement de Salomon.

Art. VIII et
Art. IX. *Je croi ou Saint Esperit et si croi en Sainte Eglise.*
Miniature XIX: les apôtres dans le Cénacle.

N:o 1. Digression sur le Saint Esprit. (826)

N:o 2 a) Elie à qui Dieu envoya le feu du ciel (*III Rois,* XVIII, 36 sq.); (827)
b) Prophétie de Joël (*Joël,* II, 29). (828)

Art. X. *Et ou pardon des pechiez qui nous est fait par les sacremens de Sainte Eglise.*

N:o 1. Digression sur l'Église et ses commandements. (829)

Miniature XX: le baptême et l'Euchariste.

N:o 2. Digression sur les sacrements de l'Église. (830)

Miniature XXI: le mariage.

N:o 3. Prophétie de David (*Ps.* CXV, 12). (831)

N:o 4. Jacob et ses deux petits-fils (*Gen.* XLVIII, 13 sq). (832)

Miniature XXII: Jacob et ses deux petits-fils.

Art. XI. *Et si croi la resurrection de la char.*

N:o 1. Digression sur la nécessité de croire en la résurrection de la chair; arguments tirés

a) du sort des saints (*Jean*, V, 29; *Matt.* XXV, 46); (833)

b) du sort des pécheurs; (834)

c) des paroles de l'Apocalypse (voir p. 191, note 3); (835)

d) explication de ces paroles.

Miniature XXIII: Sophonias.

N:o 2. Prophétie de Sophonias (*Sophon.* I. 15). (836)

N:o 3. Paroles de saint Augustin (*Matt.* XVI, 26). (837)

Miniature XXIII: Saint Augustin.

Art. XII. *Et la vie pardurable. Amen.*

N:o 1. Digression: les saints et les saintes s'assiéront à la table du Seigneur. (838)

Miniatures XXV et XXVI: béatitude des saints.

N:o 2. Les cinq vierges sages et les cinq vierges folles (*Matt.* XXV, 1—13) (839—842)

N:o 3. Exemples tirés de l'histoire de

a) Jacob (*Gen.* XXXII, 24 sq.), et de (843)

b) Job (*Job* VII, 1). (844)

Miniature XXVII: un prophète.

N:o 4. Conclusion sur la nécessité de «tenir Dieu à deux bras»; les deux bras = la foi et les bonnes œuvres. Exemples: (845—846)

a) les diables «croient fermement touz les articles de nostre foi, et riens ne leur vaut por ce qu'il ne font nulles bonnes euvres»; (847)

b) les sarrazins et les bougres parfaits «font molt de grant penances et riens ne lour vaut».

N:o 5. Que Dieu nous permette de le voir face à face, comme il le permit à Jacob. (848—852)

Le *Credo* de Joinville est un petit traité en prose, destiné à interpréter le Symbole des apôtres (voir Appendice I). Il débute par un préambule sur la nécessité de la foi et aborde ensuite l'examen des articles du Symbole. Lorsque ces derniers se laissent diviser en plusieurs propositions (III, IV, V, VI), l'auteur procède par tranches. Par contre, les articles VIII et IX sont réunis en un seul paragraphe, mais le commentaire sur l'Église est renvoyé à l'article X. Joinville n'observe donc pas strictement la division du *Credo* en douze articles, que l'on rattachait souvent au nombre des apôtres, auteurs présumés du Symbole. D'autre part, le Symbole de Joinville se distingue du Symbole vulgaire par l'omission des mots «catholicam, sanctorum communionem» (art. IX), compensée toutefois par l'addition de *«qui nous est fait par les sacremens de l'eglise»* (art. X). Cette addition rappelle le Symbole de Constantinople: «confiteor unum baptisma»; d'ailleurs, le mot «communion» pouvait facilement être confondu avec le nom du sacrement, comme cela apparaît, par exemple, dans le *Credo* latin de la Mazarine, 742 (f^{0} 111 r^{0}).

Le trait saillant du *Credo* de Joinville est le système que l'auteur a adopté pour l'explication du Symbole. D'après le plan qu'il s'était tracé, chacun des douze articles devait s'appuyer sur un témoignage de fait, tiré de l'Histoire sainte («prophétie de l'œuvre»), et sur une prophétie contenue dans la Bible («prophétie de la parole»). Il est à noter que ces deux termes ne sont pas de l'invention de Joinville. Saint Augustin en faisait déjà usage; mais leur emploi semble avoir été rare.[1]

Joinville ne se confine pas dans ce système. Il évoque aussi les événements de sa propre vie, dans lesquels il aperçoit l'action bienfaisante de la Providence, il s'attarde aux images et aux

[1] Saint Augustin, *De civitate Dei*, liber XVII, cap. 5 (*P. L.*, XLI, col. 533), *De his quae ad Heli sacerdotem homo Dei prophetico locutus est spiritu, significans sacerdotium, quod secundum Aaron institutum fuerat, auferendum* (*I Rois*, 2, 27–36): «Non est ut dicatur ista prophetia, ubi sacerdotii veteris tanta manifestatione praenuntiata mutatio est, in Samuele fuisse completa ..... ac per hoc in ea quoque re gesta, eadem mutatio quae per Christum Iesum futura fuerat, adumbrata est, et ad Vetus Testamentum proprie, figurate vero pertinebat ad Novum, *prophetia facti* etiam ipsa, *non verbi*; id scilicet facto significans, quod verbo ad Heli sacerdotem dictum est per prophetam».

idées qui ont frappé particulièrement son esprit, et s'engage dans des réflexions et des développements, parfois pathétiques, qui atténuent la monotonie de son argumentation théologique. A un plus fort degré que le système, ces traits personnels communiquent au *Credo* de Joinville une originalité et un attrait indéniables et que l'on chercherait en vain dans les autres ouvrages consacrés au même sujet.

Joinville avait vingt-six ans au moment où il rédigea son *Credo* (1250). Les additions qu'on rencontre dans l'édition de 1287 ou 1288 se réduisent-elles aux paragraphes qui répètent les paroles de saint Louis et à la référence à Henri de Magdebourg, comme le croyait Gaston Paris (*Hist. Litt.*, XXXII, p. 369)?[1] La question n'est pas sans importance, comme nous le verrons en étudiant les sources de Joinville. Les trente-sept années qui séparent la deuxième édition de l'édition *princeps* avaient pu enrichir les connaissances théologiques de l'auteur, et rien, absolument rien, ne nous contraint à limiter les additions à celles que signale G. Paris. Beaucoup de paragraphes consacrés aux «prophéties de l'œuvre et de la parole» ont pu être transformés ou même ajoutés entre 1250 et 1287 Nous ne sommes donc pas tenus, jusqu'à nouvelle preuve d'accepter la supposition de G. Paris que Joinville, à défaut d'érudition personnelle, aurait «prié quelque clerc .... de lui fournir les autorités qu'il voulait employer à l'édification des laïques» (*op. cit.*, p. 368).

L'idée de composer un petit livre pour expliquer aux croyants les fondements de la foi et pour les diriger dans la voie du salut, n'était pas nouvelle. Dès les premiers siècles, l'Église exigeait des fidèles une connaissance précise du *Credo*, de l'oraison dominicale, de l'*Ave Maria*. Les prêtres devaient les expliquer *ex cathedra*. Charlemagne confirmait ces prescriptions et établissait des sanctions contre ceux de ses sujets

[1] Ch.-V. Langlois (*Comtes rendus de l'Académie des Inscriptions et Belles-Lettres*, Paris, 1928, p. 367) incline à croire que le récit autobiographique de Joinville (§§ 807–815) ne figurait pas dans la première édition de l'ouvrage.

qui ignoraient le *Credo*. Les trois textes mentionnés étaient appris par cœur, dès le plus bas âge, le plus souvent en latin, mais leur compréhension n'était pas jugée indispensable. Les paroles possédaient en elles-mêmes une vertu salutaire.[1]

Le moyen âge latin connaissait un nombre assez élevé d'éditions commentées du Symbole. Au XIIIe siècle se manifeste une prédilection marquée pour un autre genre d'écrits poursuivant le même but: les *[E]Lucidaires* dont le premier est d'Honorius d'Augsbourg et qui se divisent en trois parties: 1) explication du Symbole des apôtres; 2) un traité du mal moral et physique, et 3) un traité sur les fins dernières et sur l'état des bienheureux et des damnés dans l'autre monde; les *Septenaires* dont le premier est de Hugues de Saint-Victor: *De quinque septenis seu septenariis* (*P. L.*, CLXXV, col. 405—414). Le *Septenaire* a pour point de départ les sept demandes du *Pater*, qui sont rapprochées des sept béatitudes et des sept dons de l'Esprit; il traite des sept vices ou péchés capitaux, opposés aux sept vertus principales, aux sept œuvres de miséricorde, etc.[2]

Le *Credo* de Joinville n'appartient à aucune de ces deux catégories. Aurait-il pour modèle tel ou tel autre traité sur les articles de la foi, dont nous connaissons une vingtaine, allant du milieu du IIIe siècle (Tertullien et saint Cyprien) à la fin du XIIIe siècle, avec Thomas d'Aquin?

[1] Philippe de Novare indique dans son traité *Les quatre âges de l'homme*, p. p. Marcel de Fréville, Paris, *S. A. T. F.*, 1888, l'ordre dans lequel il faut enseigner aux enfants les éléments de la foi:

§ 12 (p. 9). «La premiere chose que l'an doit apanre a anfant, puis qu'il commance a croistre et a entendre, si est la creance Damedieu: la *Credo in Deum*, *Pater Noster*, *Ave Maria*. De ce sont tenu pere et mere et parant, et obligié a lui apanre; *e aprés, quant li anfes porra miaus antendre*, si li doit on ansaignier a tout le mains les .II. premiers commandemanz de la loi; . . . . e si i a po de paroles, si les doit miaus retenir».

Il est évident que le *Credo* est appris par cœur, sans que l'intelligence de l'enfant prenne part à cet exercice.

[2] Pour plus de détails, voir l'article *Catéchisme* dans le *Dictionnaire de théologie catholique*, tome II, Paris, 1905, col. 1895 sq.

Il y en a qui sont de courts sermons. Telle est par exemple l'homélie LXXXIII de Maxime de Turin *De traditione Symboli* (*P. L.*, LVII, col. 431), qui se propose de prouver que le Symbole est bien l'œuvre des douze apôtres et de démontrer que sa connaissance est indispensable au salut de l'âme. Le commentaire d'Amalaire de Trèves (*P. L.*, XCIX, col. 896) est extrêmement laconique. Voici une citation prise au hasard: «. . . . *Descendit ad inferna:* anima tantum. *Tertia die resurrexit a mortuis:* corpore resurrexit morte destructa . . .»

La plupart des auteurs, parmi lesquels se trouvent saint Augustin, Raban Maur, saint Bruno, Yves de Chartres, Pierre Abélard, Joslenus de Soissons, expliquent dans leurs *Sermons* ou dans leurs *Expositions* les termes des douze articles du Symbole et en rapprochent de nombreuses citations, tirées presque exclusivement du Nouveau Testament.

Ce qui leur importe, c'est de préciser les différents points du dogme catholique (naissance du Christ de la Vierge, la nature de la Trinité, etc.). La nécessité de réfuter des allégations hétérodoxes leur communique le plus souvent un caractère polémique. Tel est le livre de saint Augustin *De Fide et Symbolo*, dirigé contre les manichéens; les auteurs des premiers siècles combattaient les erreurs des juifs (Tertullien, saint Cyprien).

Le traité le plus complet et le plus systématique est celui de saint Thomas d'Aquin, *Expositio super Symbolo apostolorum, scilicet* Credo in Deum (sixième opuscule).[1] Chaque argument

[1] Sancti Thomae Aquinatis *Opuscula omnia*, Parisiis, 1634, in-folio, p. 121 sq.

Comparons, par exemple, les arguments de saint Thomas et ceux de Joinville relatifs à la toute-puissance de Dieu. Joinville a recours à une image représentant la chute des anges rebelles. Saint Thomas réfute d'abord l'hérésie des manichéens qui affirmaient que le monde visible est l'œuvre du diable, car les choses visibles ne sont pas bonnes intégralement. Il s'appuie sur le texte de la *Genèse*, I: «In principio creavit Deus coelum et terram», et sur *Jean*, I: «Omnia per ipsum facta sunt».

Il fait ensuite justice d'une autre hérésie qui proclamait que le monde existe *ab aeterno*; mais le Psaume CXLVIII dit: «Dixit, et facta sunt.»

s'y appuie sur des passages des Écritures, les hérésies sont examinées et réfutées, mais ce traité scolastique s'écarte trop, par son esprit et par sa forme, du *Credo* de Joinville pour que l'on puisse les rattacher l'un à l'autre. D'ailleurs, à quel moment Joinville a-t-il pu connaître les écrits de saint Thomas, né en 1225? En ce qui concerne le système des prophéties, c'est Tertullien (mort vers 240) avec son *Liber adversus Judaeos* (*P. L.*, II, col. 595 sq.) que rappelle le plus Joinville. Il prouve la divinité du Christ par des «prophéties de l'œuvre» et des «prophéties de la parole» et y ajoute un commentaire. Mais ni le but de l'ouvrage ni la façon d'exposer la matière ne sont identiques dans les deux cas. Il ne convient pas d'oublier que le Symbole romain, sous sa forme vulgaire, ne remonte pas au delà du IVe siècle.

La littérature latine n'a donc conservé aucun ouvrage dont Joinville aurait pu s'inspirer directement.[1] Par contre, il a peut-être eu devant les yeux un modèle byzantin lors de son séjour en Terre Sainte? Ici encore la réponse est négative. La Patrologie grecque n'offre qu'un seul exposé du Symbole, celui d'Euthymios Zigabène (contemporain d'Alexis Comnène [1081—1118]), mais qui ne ressemble guère au *Credo* de Joinville. Quant aux écrits de Cyrille de Jérusalem, de saint

La troisième hérésie, savoir que le monde a été créé d'une matière préexistante, est réfutée par le sens même du mot «creare» qui veut dire «de nihilo facere», et par les paroles du *Livre de la Sagesse*, 12: «Subest enim tibi cum volueris posse.»

La création du monde par Dieu nous amène 1) à la connaissance de la majesté divine; 2) au sentiment de la gratitude envers Dieu, car tout ce que nous sommes et tout ce que nous avons, vient de Dieu; 3) à la patience dans l'adversité; 4) à l'usage raisonnable des choses créées, et 5) à la connaissance de la dignité humaine. Dix citations de la Bible prouvent la vérité du raisonnement.

Saint Thomas observe la même méthode en ce qui concerne les autres points du dogme (par exemple, l'unité de Dieu) qui sont contenus dans le premier article. Joinville les néglige tous.

[1] Voir, à l'Appendice II, la liste des Pères qui ont laissé des exposés des articles de la foi.

Grégoire de Nysse, de saint Jean Chrysostome et de saint Jean Damascène[1], ils sont conçus selon des plans complètement différents, et leur sujet est beaucoup plus vaste que celui de Joinville.

*

Reste à examiner les *Credo* en langue française.

Les observations qui suivent sont basées sur l'étude d'une trentaine de textes tant en vers qu'en prose, dont une partie restent inédits.

La plupart des textes en prose sont dénués d'intérêt. Ce sont tantôt de simples traductions: B. Nat. lat. 1315, f° 123 r° (fin du XIIe—début du XIIIe siècle)[2], British Museum, Cotton Nero C. IV (XIIIe siècle)[3], B. Nat. fr. 9572, f° 93 v°b—94 r°a (XIVe siècle); fr. 19234, f° 186 v° (XVe siècle); Mazarine 382, f° 377 r°—378 r° (Psautier lorrain, XIVe siècle); le Psautier de Metz (XIVe siècle);[4] tantôt des traductions accompagnées de considérations morales: famille compre-

[1] Euthymios Zigabène (*P. G.*, CXXXI, col. 9—20). Explication de mots et de dogmes; pas de citations.

Grégoire de Nysse, *Oratio catechetica* (*P. G.*, XLV, col. 9 sq.).

Cyrille de Jérusalem, *Catecheses* (*P. G.*, XXXIII), notamment, IV: *De decem dogmatibus*, V: *De fide et Symbolo*, VI: *De uno Deo, etc.*, VII: *De Patre*, et ainsi de suite, en tout vingt-trois catéchèses (col. 331—1128). Travail monumental qui dépasse de beaucoup l'ouvrage de Joinville et en diffère par l'inspiration; cf. l'introduction de Cyrille sur la foi (col. 503 sq.).

Saint Jean Chrysostome, *Ad illuminandos catecheses I et II* (*P. G.*, XLIX, col. 223 sq.).

Saint Jean Damascène, *De fide orthodoxa* (*P. G.*, XCIV, col. 781 sq.).

[2] Publié par P. Meyer, *Bribes de littérature anglo-normande. V. Ancienne glose du Symbole et du Pater* (*Jahrbuch für romanische und englische Literatur*, VII, pp. 51 à 55).

[3] Publié par Francisque Michel dans *Libri psalmorum versio antiqua gallica e cod. ms. in Bibl. Bodleiana asservato una cum versione metrica aliisque monumentis pervetustis*, Oxonii, 1860, pp. 254 et 255.

[4] *Le Psautier de Metz*, p.p. Fr. Bonnardot, I, Paris, 1884, p. 442.

nant[1] les manuscrits 792 de la Bibliothèque Ste-Geneviève (XIII–XIVe siècles), B. Nat. fr. 25407, f° 157 r°a–157 v°a (XIIIe siècle), et B. Nat. fr. 944, f° 4 v°–5 v° (XVe siècle, formes de langue modernisées); le commentateur exhorte les fidèles à ne pas abandonner la «bonne creance» et à fuir les «sorceries» et les «charoiz». Le ms. du XVe siècle s'adresse aux «seigneurs provoires» tandis que les deux autres, aux «seigneurs» tout court. Le ms. 58 de la Mazarine (XIVe siècle) contient le texte latin du *Credo* avec traduction française en regard, dans laquelle sont intercalés de brefs commentaires (Appendice IX). Le texte du ms. fr. 13304 de la Bibl. Nat. (XIVe siècle) rappelle ce système, mais il est plus étendu et, chose rare dans les *Credo* en prose, il attribue chacun des douze articles à un apôtre.[2] Le *Credo* du ms. lat. 1373 de la Bibl. Nat. (début du XVe siècle) est composé de deux parties, dont la seconde reprend, en l'amplifiant, le texte des articles de la foi.[3]

Enfin, le ms. fr. 1546 de la B. Nat. (f° 156 r°–169 r°; XIIIe siècle) se sert de l'exorde du *Credo* (articles I et II) pour exposer ensuite toute l'histoire sainte jusqu'à l'avènement du Christ, sa vie, sa mort, sa résurrection et les destinées des juifs après Jésus.

Les pièces *versifiées* se laissent diviser en deux groupes:

1) Celles dont les auteurs modifient le moins possible le texte du *Credo*. Ce sont: B. Nat. fr. 2431 (XIVe siècle);[4] Libri 105 (XIVe siècle) et G. G. 4. 32 de Cambridge qui met

[1] Le *Credo que on dit a la messe*, p. p. E. Egger, dans *Mémoire sur un document inédit pour servir à l'histoire des langues romanes* (*Mémoires de l'Académie des Inscriptions et Belles-Lettres*, XXI, Ière partie, 1857, p. 361), se rapproche du *Credo* grec de la Bibl. Nat. grec 2408 («choses visibles et invisibles», procession du Saint Esprit, du Père et du Fils); il est plus étendu que les autres *Credo* cités.

[2] Publié par Egger, *o.c.*, pp. 362–364.

[3] Egger, *o.c.*, pp. 364–365.

[4] Publié par J. Bonnard, *Les traductions de la Bible en vers français au moyen âge*; Paris, 1884, pp. 142 et 143. Voir Appendice X.

en marge les noms des apôtres, mss. décrits par Paul Meyer[1]; le ms. 19 d'Aix-en-Provence[2] et le texte publié par Francisque Michel d'après le ms. fr. 13092 de la Bibliothèque Nationale.[3]

Le ms. lat. 3799 de la B. Nat., contenant, d'après Paul Meyer, la plus ancienne version du *Credo* (XIIe siècle), est moins laconique que les textes précédents.[4]

Celui du ms. G. G. I. I. de la Bibliothèque de l'Université de Cambridge (début du XIVe siècle)[5] présente cette particularité qu'il est écrit en vers de 14 et de 16 syllabes rimés deux à deux. Le ms. de la Bodléienne 57 (deuxième moitié de XIIIe siècle)[6] s'en tient à la même rime du premier au 22e vers (le mot «ensement» apparaît quatre fois à la rime).

Le texte concis du ms. fr. 12483 de la Bibl. Nat. (XIVe siècle) est suivi de considérations sur la vertu du *Credo*, surtout lorsqu'on se trouve à l'article de la mort (cf. Joinville, conclusion). Voir Appendice XI.

Le fragment édité par Paul Meyer dans le t. XXII du *Bulletin de la Société des Anciens Textes Français* (Paris, 1896)[7] et le *Credo* du ms. fr. 952 de la Bibliothèque Nationale

---

[1] P. Meyer, *Notice de quelques mss. de la collection Libri, à Florence. XVI. Paraphrase en vers du* Credo (*Romania*, XIV, pp. 535 et 536).

P. Meyer, *Les manuscrits français de Cambridge.* II. *Bibliothèque de l'Université* (*Romania*, XV, pp. 341—342).

[2] *Catalogue général des manuscrits des bibliothèques publiques de France. Départements.* T. XVI. AIX; Paris, 1894, page 24: ms. 19, *Heures du Roi René* (milieu du XVe siècle).

[3] Francisque Michel, o. c., p. 361.

[4] *Ancienne traduction française en vers du* Pater *et du* Credo, p.p. P. Meyer (*Bulletin de la Société des Anciens Textes Français*, VI, Paris 1880, p. 40).

Par exemple, les vers 13 et 14:

De la venra jugier et vis et morz;
Cil jorz sera molt cruelx et molt forz.

[5] P. Meyer, *Manuscrits français de Cambridge.* II. *Bibliothèque de l'Université* (*Romania*, XV, p. 321).

[6] P. Meyer, *Notice du ms. Bodley 57* (*Romania*, XXV, p. 577—578).

[7] Bibl. Nat., nouv. acq. fr. 5237, XIIIe siècle. Le texte est reproduit aux pages 39—48 du *Bulletin*.

(XVe siècle) sont des espèces de poèmes. Le texte du ms. fr. 952, dont nous possédons une autre leçon dans le ms. fr. 24439 (XVe siècle), est divisé en douze quatrains d'après le nombre des apôtres, auteurs présumés du Symbole, et chaque quatrain correspond à un article (Appendice XII). Ceux d'entre eux qui sont très courts dans l'original (par exemple, *Vitam aeternam*) sont de toute nécessité délayés par le versificateur. Le fragment de Paul Meyer appelle la même observation, à cette différence près que l'auteur n'était pas entravé par la forme strophique et pouvait donner libre cours à son inspiration, d'ailleurs très banale.

Il est évident qu'aucun de ces textes ne rappelle la formule de Joinville, de même qu'aucun des *Credo* français du XIIe et du XIIIe siècles n'a pu influencer notre auteur.

*

Une composition plus curieuse est insérée dans le ms. lat. 4641 B de la Bibliothèque Nationale.

C'est un manuscrit du XVe siècle, dont la première partie (nos 1 à 22) est composée de pièces juridiques, en latin et en français: ordonnances, coutumes, instructions, etc. La seconde contient des pièces de caractère disparate, pour la plupart en langue française:

N° 23 — *La Paternostre en françois.*

N° 24 — *Un beau dit de l'Ave Maria.*

N° 25 — *La Credo ou est compris nostre creance laquele est exposee en françois selon que les appostres Nostre Seigneur Jhesu Christ la firent ou plusieurs prophetes prophetiserent a ce propos.*

N° 26 — *Les enseignemens que Monseigneur st Louys fist a son ainsné filz Phelipe.*

N° 27 — *Les chroniques des Rois de France . . . . . . (jusqu'en) 1422.*

N° 28 — *Faits notables qui sont advenus en France depuis le tems Monseigneur S. Louis . . . . jusqu'en 1356.*

N°s 29 à 53 — pièces diverses.

Le N° 25, le *Credo* (f° 124 r°—f° 126 r°) est intéressant parce que l'argumentation de l'auteur est entièrement basée sur des «prophéties de la parole», comme l'annonce le sous-titre (Appendice XIII).

De même que Joinville, l'auteur a son système. Il ne s'en écarte pas une seule fois et n'essaie pas d'en combattre la monotonie.

L'exposé se poursuit avec cette seule variation que dans la formule «Cest article nous fut bien figuré par . . .» le participe «figuré» alterne avec «demonstré» et une fois avec «formé», ce qui est probablement un lapsus.

L'auteur n'est pas un théologien de marque. Il appelle Job prophète, ce qui n'est pas exact. De son côté, le copiste a déformé plusieurs citations latines et, au VIe article, il n'a pas déchiffré et, par conséquent, a laissé en blanc le nom du prophète dont il invoque le témoignage; mais il indique le chapitre auquel est empruntée la citation (voir notes à l'Appendice XIII).

Dans ce texte, certaines prophéties coïncident avec celles utilisées par Joinville, bien que la coïncidence ne soit pas complète: Isaïe, Daniel, Osée — pour les articles III, IV, V, tandis que Joinville met Isaïe et Daniel sous l'article III.

Le texte du ms. lat. 4641 B doit être postérieur au *Credo* de Joinville. Son auteur a pu s'inspirer du livre de ce dernier. Le fait qu'il est entouré de morceaux ayant trait à l'histoire de saint Louis attire aussi l'attention. C'est le *Credo* médiéval qui se rapproche le plus du traité de Joinville. D'autre part, on ne saurait méconnaître la parenté de ce texte avec ceux qui apparaissent dans certains manuscrits enluminés, à partir de la fin du XIIIe siècle, surtout aux XIVe et XVe siècles. Ces manuscrits représentent les apôtres prononçant les versets du *Credo*, et douze prophètes qui leur opposent des prophéties (le texte est toujours en latin). C'est la famille qui embrasse les mss. B. Nat. fr. 9220 (*Le Vergier [*ms. *Vrigiet] de solas*),

Arsenal 1037 et 1100[1]. Le *Livre d'heures* de Jeanne II de Na=varre (1330), le *Bréviaire* de Belleville (vers 1345) et les *Heures* du duc de Berri s'inspirent de la même méthode[2].

Plusieurs prophéties du ms. lat. 4641 B (David, Isaïe, Zacharie, Osée, Amos, Daniel) se retrouvent dans la famille représentée par le *Vergier de solas*. Ce même ms. fr. 9220 interprète d'une façon analogue le Crucifiement (f° 9 v°): vingt=quatre prophéties en français. Cinq de ces prophéties appa=raissent dans le ms. lat. 4641 B, et huit dans le *Credo* de Joinville.

*

Résumons=nous. Dans la littérature médiévale on ne dé=couvre aucun texte, latin ou français, qui eût pu servir de modèle à Joinville. La littérature théologique de Byzance, dont il aurait pu acquérir quelques notions en Terre Sainte, se trouve dans le même cas. Nous sommes en présence d'une œuvre originale. Cette originalité apparaît dans la méthode adoptée par l'auteur et dans l'élément personnel dont son livre est animé et qui manque aux autres *Credo* français du moyen âge, antérieurs ou postérieurs à celui de Joinville. Aucun de ces *Credo* n'a pu inspirer ou influencer le sénéchal; au contraire, il est permis de reconnaître une imitation de son traité, dépouillée de tout cachet personnel, dans l'explication des articles de la foi du ms. lat. 4641 B de la Bibliothèque Nationale.

L'originalité indéniable dont Joinville fait preuve dans le plan de son livre et dans le choix des exemples, s'étend=elle à l'interprétation de ses sources?

*

[1] E. Mâle, *L'art religieux de la fin du moyen âge en France*; Paris 1908, p. 261 sq.

[2] Reproductions chez H. Yates Thompson, *Twenty two miniatu=res from the Book of Hours of Joan II, Queen of Navarre*; Londres, 1899, vol. II.

Quelle est la documentation dont disposait Joinville, ses connaissances théologiques étaient-elles étendues et précises?

Rappelons que chaque article du Symbole, sauf le premier, où un tableau tient lieu d'argument, et même chaque subdivision des articles, sont étayés de «prophéties de l'œuvre et de la parole».

Mais il existe des cas où l'une seulement de ces deux catégories apparaît. L'article II ne connaît que des «prophéties de l'œuvre», au nombre de trois. Par contre, l'article III, ainsi que l'article XI, ne contiennent que des «prophéties de la parole». Il se peut, toutefois, que l'auteur ait voulu réunir II et III en un seul chapitre et les doter d'une argumentation commune.[1] Les articles VIII et IX sont fondus en un seul, comme il a déjà été dit, et les deux prophéties, une de chaque catégorie, ne visent que le premier d'entre eux.

Toutes les préfigurations choisies par Joinville sont-elles bien appropriées? Toutes les sentences qu'il cite, peuvent-elles être définies comme des prophéties?

*

La «prophétie de l'œuvre» se rapportant au dernier article du Symbole (*Et la vie pardurable*) est représentée par les cinq vierges sages et les cinq vierges folles (art. XII, n° 2). Cette parabole de Jésus pourrait tout au plus être considérée comme une «prophétie de la parole». Le lion, symbole de la résurrection (art. V, n° 4), n'est nullement une préfiguration, une «prophétie de l'œuvre», comme l'appelle Joinville. Il serait imprudent d'y voir une «prophétie de la parole» (voir *infra*, Appendice V).

D'autres exemples encore ne sont pas des prophéties («de l'œuvre» ou «de la parole»). Il est vrai que l'auteur

---

[1] La figure du buisson ardent qui *senefie la virginité dou cors la benoite Virge Marie* et celle de la toison de Gédéon ont plutôt trait à l'art. III (*Né de la Virge Marie*) qu'à l'art. II (*Et en Jhesu Crit son fil, Nostre Seignor*) auquel il est rattaché dans le texte (voir *infra*, p. 191).

lui-même ne les présente pas comme telles. Ce sont des arguments d'un caractère spécial qui se placent en dehors du système adopté, des ornements littéraires qui ne sont pas toujours empruntés aux saintes Écritures: les prodiges qui accompagnèrent la mort du Sauveur, placés entre des prophéties et décrits dans le but d'émouvoir le lecteur (art. IV, n° 13 b); paroles d'un païen sur le péché (art. V, n° 5 b)[1]; sentence de saint Augustin sur la vanité de ce monde (art. XI, n° 3); paroles de Job (art. XII, n° 3 b). De même, le verset de Jérémie (art. IV, n° 8) n'est pas une prophétie: Joinville s'en sert pour dépeindre les tourments de Jésus mis à mort. La sentence des *Proverbes* de Salomon (art. VII) est moins une préfiguration du Jugement dernier qu'elle n'est destinée à appuyer une idée de Joinville sur la justice.[2]

*

Certains faits de l'Histoire sainte, que la tradition considérait comme des préfigurations de la vie du Seigneur, exigeaient des explications spéciales, car entre elles et le fait préfiguré il n'y avait pas de similitude complète. Les théologiens devaient écarter les doutes que ces discordances créaient dans l'esprit des croyants.

C'est le cas de l'épisode de Jonas, qui doit représenter la mise au tombeau du Christ (art. IV, n°s 14 et 15).[3] Joinville

[1] Gaston Paris suppose (*H. L.*, XXXII, p. 367) qu'il s'agit ici de Sénèque («semble être Sénèque») et il répète cette hypothèse un peu plus loin (p. 368) comme une vérité acquise, mais sans indiquer le passage de l'auteur latin qui serait visé par Joinville. Les Pères ne dédaignaient pas les arguments qui leur étaient fournis par les gentils. Le rôle attribué à Virgile est universellement connu. Saint Augustin cite la Sibylle au sujet de l'avènement du Christ (*De Civitate Dei*, *P. L.*, XLI, col. 579 et *passim*). Pour Rufin d'Aquilée, voir Appendice II.

[2] Voir *infra*, p. 189, note 2.

[3] *Jonas*, II: «1. Et praeparavit Dominus piscem grandem, ut degluttiret Jonam: 2. et erat Jonas in ventre piscis tribus diebus, et tribus

néglige la difficulté que ses devanciers avaient essayé de résoudre. Il ne se préoccupe pas non plus du titre de pro=

---

noctibus ..... 11. Et dixit Dominus pisci: et evomuit Jonam in aridam».

Matt. XII: «38. Tunc responderunt ei quidam de scribis et Pharisaeis, dicentes: Magister, volumus a te signum videre. 39. Qui respondens, ait illis: Generatio mala et adultera signum quaerit: et signum non dabitur ei, nisi signum Jonae Prophetae. 40. Sicut enim fuit Jonas in ventre ceti tribus diebus, et tribus noctibus, sic erit Filius hominis in corde terrae tribus diebus et tribus noctibus»; cf. XVI, 4, et *Luc*, XI, 29–30.

Saint Jérôme, *Commentarii in Jonam* (*P. L.*, XXV, col. 1131–1132): «Hujus loci mysterium in Evangelio Dominus exponit (*Matt.* XII), et superfluum est, vel id ipsum, vel aliud dicere, quam exposuit ipse, qui passus est ...... Quod tribus diebus ac noctibus in utero ceti fuit, passionem indicat Salvatoris». La traduction du mot «grand poisson» par «Cetus», poursuit saint Jérôme, repose sur les LXX et sur les paroles du Christ. Col. 1138: «Praecipitur ergo huic magno ceto, et abyssis et inferno, ut terris restituant Salvatorem: et qui mortuus fuerat, ut liberaret eos qui mortis vinculis tenebantur, secum plurimos educat ad vitam».

Saint Isidore de Séville, *In Libros Veteris et Novi Testamenti Prooemia* (*P. L.*, LXXXIII, col. 171): «Jonas ..... passionem Christi mortemque, et resurrectionem figurat ..... quod, in ventre ceti exceptus, tanquam in sepultura terrae tribus diebus ac noctibus reconditus est».

La figure de Jonas avait besoin d'une argumentation spéciale, car le nombre des jours et des nuits que le prophète avait passés dans le ventre de la baleine ne correspond pas au temps qui sépare la mort du Christ de sa résurrection. Nous trouvons une explication de cette différence dans le passage cité de saint Jérôme et, sous une forme plus complète, chez Haimon, évêque de Halberstadt, *Enarratio in Jonam Prophetam* (*P. L.*, CXVII, col. 133): «Triginta sex ...... horis (Christus) jacuit in sepulcro. Tres autem dies complent horas septuaginta duas. Verum si computes parasceven, hoc est sextam feriam, qua mortuus est, pro una die ac nocte sabbatum cum sua nocte, itemque noctem quae diei dominicae mancipatur, referamus ad exordium dominici diei, quodammodo tres dies esse videntur. Sed non absque magno mysterio hoc esse credendum est. Siquidem triginta sex ad septuaginta duo simplum est ad duplum. Et nostra quidem mors dupla est, quia in anima morimur per peccatum, et in corpore per poenam. Christi autem mors simpla tantum fuit, quia in corpore tantum mori potuit, in anima vero nunquam mortem admisit, quia nunquam peccavit».

phète que saint Jean l'Évangéliste décerne à Caïphas, le mauvais prêtre qui fit mettre à mort Jésus. Les Pères déploient beaucoup d'ingéniosité pour expliquer cette incohérence (art. IV, n° 12).[1] Joinville, lui, ne s'y attarde pas. Mais les dernières paroles qu'il consacre à Caïphas (*et encore fust il des soverainz enemis Jhesu Crist, si li fist Jhesu Crist dire la verité*) permettent de croire qu'il n'ignorait pas la discussion à laquelle le passage de saint Jean avait donné lieu. On peut aussi en voir un reflet dans ce qu'il dit au sujet des prêtres qui achetaient leur sacerdoce (art. III, n° 2: prophétie de Daniel; cf. art. X, n° 2).

Joinville va même plus loin que saint Jean. Pour lui, le centurion préposé à la garde des croix du Calvaire est un prophète (art. IV, n° 13 c). A la rigueur, ce point de vue pourrait trouver un appui dans les paroles de Petrus Comestor (*Historia scholastica*, *P. L.*, CXCVIII, col. 1633): «*Quia hora nona mortuo Domino Centurio factus est praeco fidei nostrae*»; mais *praeco fidei* veut dire héraut, porte-parole de la foi («Vere filius Dei erat iste», *Matt.* XXVII, 54), et non pas prophète, d'autant plus qu'il y aurait là une prophétie après coup.

*

Où Joinville puisait-il ses préfigurations et ses prophéties? Allait-il directement aux sources? Ses citations sont souvent erronées.

Ainsi, la prophétie de Sophonias est reproduite en abrégé (art. XI, n° 2).[2] Au verset 3 du Psaume CXXVIII (art. IV,

[1] Voir Appendice III.

[2] *Celle jornee iert a aus dure et de misere et de pleurs et de chativetés a ceus encore qui en iront en enfer.* — *Sophonias*, I: «14. Juxta est dies Domini magnus, juxta est et velox nimis: vox diei Domini amara: tribulabitur ibi fortis.

15. Dies irae, *dies illa*, dies tribulationis et angustiae, dies calamitatis *et miseriae*, dies tenebrarum et caliginis, dies nebulae et turbinis.

n° 6), le parfait *fabricaverunt* est rendu par un futur: *forgeront*. Le même fait se reproduit à l'art. V, n° 6: *reflorira* pour *refloruit*[1]; dans les deux cas, le futur convenait mieux à une prophétie.

Le texte des *Proverbes* de Salomon (art. VII) est, évidemment, cité de mémoire. Joinville remplace *facere misericordiam* par le mot *joutise* et ajoute au mot *jugement* (*judicium*) l'épithète *droit*. Cette substitution a pu être amenée par le fait que la locution *judicium et justitia* (par exemple, *Faciebat quoque David judicium et justitiam, II Rois*, VIII, 15) est très fréquente dans la Bible.[2] Joinville fait, en outre, suivre le mot *offrande* (*victimae*) des mots *ne autre don*.

D'autres passages s'écartent tellement de leur original, ou de ce qui peut être présumé comme tel, qu'on se demande si Joinville était sûr de ce qu'il citait. Il s'en rapportait à sa mémoire, et celle-ci le trahissait.[3]

---

16. dies tubae et clangoris super civitates munitas, et super angulos excelsos.

17. Et tribulabo homines, et ambulabunt, ut caeci, quia Domino peccaverunt; et effundetur sanguis eorum sicut humus et corpora eorum sicut stercora», etc.

[1] *Ps.* CXXVIII, 3: «Supra dorsum meum fabricaverunt peccatores prolongaverunt iniquitatem suam»: *Li felon forgeront seur mon dos et me demousteront lor felonie*. — *Ps.* XXVII, 7: «Et refloruit caro mea; et ex voluntate mea confitebor ei»: *Ma char reflorira par ta volenté*. A noter la liberté avec laquelle le reste des versets est traduit.

[2] *Car Salemons dist que joutise et droit jugement plait plus a Nostre Seignor que offrande ne autre dons*. — *Prov.* XXI, 3: «Facere misericordiam et judicium, magis placet Domino, quam victimae». Pour la locution «judicium et justitia», voir *Gen.* XVIII, 19 — *II Rois*, VIII, 15 — *III Rois*, X, 9 — *I Par.* XVIII, 14 — *II Par.* VII, 17; IX, 8 — *Ps.*, XCVIII, 4; CXVIII, 121; CXLVII, 19 — *Prov.* II, 9 — *Eccli.* XVII, 10 — *Jerem.* IV, 24; XXII, 3,15; XXIII, 5; XXXIII, 15 — *Ezech.* XVIII, 5, 19, 21, 27; XXXIII, 14, 16, 19; XLV, 9 — *Amos*, V, 7 — *I Mac.*, II, 29 — *Jean*, XVI, 8.

[3] Il ne semble pas que Joinville ait connu un texte de la Bible autre que la Vulgate, sauf, peut-être, pour l'art. IV, n° 4, où il suit une variante acceptée par Isidore (voir *infra*, p. 192, note 3). Les autres inexactitudes ne sont pas justifiées par le texte de l'Itala (éd. P. Sabatier; Reims, 1743).

La sentence sur la vanité du monde que notre auteur attribue à saint Augustin (art. XI, nº 3) n'est qu'une paraphrase des paroles du Christ (*Matt.* XVI, 26). Saint Augustin commente le passage de saint Matthieu, il raisonne sur le même sujet dans certains de ses ouvrages, mais ce n'est pas lui que cite Joinville.[1]

Voici d'autres exemples d'attributions erronées ou de citations inexactes:

[1] *Que vaut a l'ome se il conquiert tout le monde a tort, que maintenant li faura, et il en conquiert anfer et la mort qui touz jours li durra.* Ce sont des paroles du Christ, *Matt.* XVI, 26; cf. *Marc*, VIII, 36, et *Luc*, IX, 25.

Saint Augustin commente le verset de saint Matthieu dans son *Enarratio in Psalmum CIII* (*P. L.*, XXXVI–XXXVII, col. 1382):

«Pereat mundi lucrum, ne fiat animae damnum»; cf. Sermon 344 *De amore Dei et amore seculi* (*P. L.*, XXXVIII–XXXIX, col. 1517): «Vae huic homini! .... Propter aurum enim perdere animam suam potuerit, propter aurum invenire non poterit». Cf. aussi Sermon 345 *De contemptu mundi* (*ib.* col. 1517–1522). «Audite, divites, qui aurum et argentum habetis, et tamen cupiditate ardetis: quos quando pauperes intuentur, murmurant, gemunt, laudant et invident; aequari optant, et impares se dolent; et inter laudes divitum hoc plerumque dicunt. Soli isti sunt, ipsi soli vivunt. Pro his verbis, quibus homines tenues divitibus adulantur, cum dicunt, Isti soli vivunt; ne in superbiam erigamini, o vos divites: sed potius Apostolum (*I Tim.* VI, 17–19) audite, morbi curatorem, et non verbi adulatorem. Vita ista somnus vester est: *divitiae istae velut in somnis fluunt* .... Dives ergo moriens, similis est illi pauperi dormienti et thesauros somnianti. Nam ille *dives*, qui induebatur purpura et bysso, nec nominatus, nec nominandus, contemptor pauperis ante januam jacentis, epulabatur quotidie splendide; postea *mortuus est, et sepultus: evigilavit, et se in flamma invenit* (*Luc.* XVI, 19–24). Dormivit somnum suum, et post somnum nihil invenit; quia nihil operatus est de manibus suis, id est, de divitiis suis».

Pseudo-Augustin, *De Symbolo ad Catechumenos* (*P. L.*, XL, col. 661): «*Quisquis contempto Deo sequeris mundum, et ipse te deserit mundus* ..... Sequere adhuc quantum potes fugitivum, et si potes apprehende eum, tene eum: sed video, non potes, fallis te. *Ille enim* ..... *ad hoc te rapit, non ut salvet, sed ut perdat te*».

Paroles de Job (art. VI, n° 6)[1]; Psaume XXVII (art. V, n° 6)[2]; Apocalypse (art. XI, n° 1 c).[3]

Il y a des «prophéties» qui ne sont pas à leur place. Le «buisson ardent» qui signifie *la virginité dou cors la benoite Virge Marie*, et la «toison de Gédéon», considérée aussi comme symbole de la virginité de la mère de Dieu, sont groupés sous l'art. II et non pas sous l'art. III auquel ils devraient se rattacher (art. II, n° 2; cf. *supra* p. 185). Les considérations dont Joinville fait suivre le texte du Psaume CIX et la citation inexacte du *Livre de Job* (art. VI, n°s 4 à 6) se rattachent, de par leur sens, à l'article suivant du *Credo*.[4]

*

[1] Voir Appendice IV.

[2] Voir *supra*, p. 189, note 1.

[3] *La ne seroit pas la balance Nostre Seignor droite, se li cors de ceus ne resuscitoient pour attandre lou jugemant et la joutise que Diex leur a appareillie en anfer. Si com il meismes lou tesmoigne de sa bouche:* «Et leur maus vengera Diex seur les armes et seur les cors d'aus en l'autre siecle», *pour ce que Diex ne fist nulle vangence d'aus en ce siecle.* «Boneur[e]e iert la resurrection des mors qui es euvres Dieu moront», *si com dist saint Jehan en la Pocalipse:* «Car leur joies et leur bieneurtez leur doubleront», *ce est a savoir, en cors et en arme. Et au[s] malvais desuz dit redoubleront leur poignes et leur maleurtés en cors et en armes.*

Les paroles «*Et leur maus ... siecle*» semblent viser *Jean*, V, 29: «Et procedent qui bona fecerunt in resurrectionem vitae; qui vero male egerunt, in resurrectionem judicii» (c'est-à-dire, pour être condamnés). Quant à la citation de l'Apocalypse, celle qui est indiquée par Natalis de Wailly ne coïncide avec le texte de Joinville que dans la première partie: «Beati mortui qui in Domino moriuntur» (*Apocal.* XIV, 13). La phrase suivante: «*Car leur joies et leur bieneurtez leur doubleront*», que nous considérons aussi comme une citation, car Joinville l'explique par les mots «*ce est a savoir...*», rappelle de loin *Apocal.* XVIII, 6: «Reddite illi (Babyloni) sicut et ipsa reddidit vobis: et *duplicate duplicia* secundum opera eius: in poculo, quo miscuit, miscete illi *duplum*. 7. Quantum glorificavit se et in deliciis fuit, tantum date illi tormentum et luctum...»; cf. *Apocal.* XX, 12—13; XXII, 12.

[4] Voir Appendice IV.

En principe, Joinville suit dans ses explications la tradition des Pères de l'Église lesquels ne font souvent que répéter textuellement les paroles de leurs devanciers.

Par exemple, l'ascension d'Élie au ciel est interprétée d'une façon identique par saint Euchère, saint Paterius et Angelomus de Luxeuil. Joinville adopte la même explication (art. VI, n° 1).[1]

La similitude de la tunique de Joseph et de la chair de Jésus-Christ, indiquée par Isidore de Séville, est relevée, dans les mêmes termes, par Bède le Vénérable. Walafried, dit Strabus, reproduit presque textuellement les paroles d'Isidore. Cette «prophétie de l'œuvre» se retrouve chez Joinville (art. IV, n° 3)[2], ainsi que d'autres lieux communs. C'étaient des images, des «figures» qui, par leur simplicité même, s'imposaient à la pensée des écrivains comme, par exemple, l'histoire de Joseph vendu par ses frères, dont Judas était l'instigateur, pour vingt pièces d'argent (art. IV, n°s 2 à 4).[3]

On trouve chez Joinville plusieurs de ces lieux communs: la toison de Gédéon sur laquelle descendait la rosée = Vierge Marie (art. II, n° 2 b); Jonas au ventre de la baleine = le Christ au tombeau (art. IV, n° 14). Le lion auquel le

[1] *IV Rois*, II, 11; *Malachie*, IV, 5–6; *Eccli.*, XLVIII, 10. Cf. *P. L.*, L, col. 1182, LXXIX, col. 813, CXV, col. 495. Voir aussi saint Augustin, *De civitate Dei*, l. XX, ch. 29 (*P. L.*, XLI, col. 703–704).

[2] Voir *P. L.*, LXXXIII, col. 271 sq.; XCI, col. 263; CXIII, col. 165; cf. *infra*, note 36.

[3] *Genèse*, XXXVII, 23 et 28. Cf. Tertullien (*P. L.*, II, col. 626); pseudo-saint Prosper (*P. L.*, LI, col. 753); Isidore de Séville (*P. L.*, LXXXIII, col. 272).

Genèse, XXXVII, 31–32. cf. Hugues de Saint-Victor (?) (*P. L.*, CLXXV, col. 652), et les vers de Théobald, faussement attribués à Hildebert (*P. L.*, CLXXI, col. 1266). Joinville parle de *trente* pièces d'argent, contrairement à la Vulgate. Cette erreur se trouve chez Isidore (*P.L.*, LXXXIII, col. 271) qui souligne ce chiffre («eodem numero»). Mais les Pères acceptent la leçon de la Vulgate («vingt pièces d'argent», «aureis» chez le *LXX*) et expliquent que le prix de la trahison des frères de Joseph ne pouvait pas être égal à celui de la trahison de Judas (Remi d'Auxerre, *P. L.*, CXXXI, col. 115; saint Bruno d'Ast, *P. L.*, CLXIV, col. 219).

moyen âge attribuait le pouvoir merveilleux de réveiller le lionceau à la vie, au troisième jour après sa naissance, croyance acceptée par les Pères de l'Église et ayant des attaches dans la *Genèse*, représente Jésus-Christ ressuscitant au troisième jour (art. V, n° 4).[1] Samson retirant de la gueule du lion des gâteaux de miel: c'est le Christ descendant en enfer et rendant la liberté aux «prodomes» de la Vieille Loi (art. V, n° 1).[2]

On peut faire la même remarque au sujet de plusieurs citations de la Bible qui sont utilisées par différents auteurs pour illustrer les mêmes articles de la foi. Par exemple, *Isaïe*, VII, 14, pour l'art. III, n° 1, *Matt.* XII, 38—40, pour l'art. IV, n° 15, etc.

Mais à côté de ces explications banales, nous en rencontrons d'autres qui dénotent chez Joinville la connaissance de

---

[1] Voir Appendice V.

[2] *Juges*, XIV: «8. . . . . declinavit (Samson) ut videret cadaver leonis, et ecce examen apum in ore leonis erat ac favus mellis. 9. Quem cum sumpsisset in manibus, comedebat in via . . .»

Pseudo-saint Prosper, *Liber de Promissionibus et Predictionibus Dei*, Pars II (*P. L.*, LI, col. 791): «*Favum vero mellis* quod *in ore leonis* hujus invenit; *legem spiritalem populi ejus*, ... *intellige*, quod *apes patriarchae atque prophetae* construentes, in eum mella infuderunt divini eloquii. Hoc ex ore leonis mortui abstulit, qui repulsis Judaeis, legem ipsam etiam gentibus ministravit».

Robert de Tuy, *De Trinitate et operibus ejus* (*P. L.*, CLXVII, col. 1043): «Revertens Samson examen apum, et favum mellis sumpsit ex ore leonis, quia, victo tentatore, Christus regressus in Galileam, in virtute Spiritus duodecim apostolos elegit. Quomodo illi erant in ore leonis? Plane ut taceam, quod erant omnes secundum Adam natura filii irae, sicut et caeteri (*Ephes.* II) . . . . . . Amplius autem tunc examen apum et favum mellis ex ore leonis assumpsit, quando palam in cruce *de humani generis hoste triumphans, non solum apostolos, sed omnes qui per verbum eorum credituri erant in illum, de potestate ejus eripuit*».

Hugues de Saint-Victor (?), *Allegoriae in Vetus Testamentum*, lib. V (*P. L.*, CLXXV, col. 680): «Samson de faucibus leonis extraxit favum, et *Christus de faucibus diaboli genus humanum*. Cera, cor; mel, spiritus».

Dans l'interprétation qu'il donne, Joinville ne s'accorde pas entièrement avec les Pères cités.

commentaires moins courants, ou bien le désir d'interpréter les Écritures à sa façon.

Ainsi, la «tunique de Joseph faite d'une pièce» (art. IV, n° 3) signifie pour notre auteur que la chair de Jésus *fu de la Virge seulement.* Aucun des commentateurs ne comprend ce symbole de la même façon: pour les uns, c'est la préfiguration de l'unité de l'Église, d'autres y voient la variété des peuples convertis au christianisme, ou bien l'unité des Écritures, etc. D'ailleurs, le texte de la Vulgate porte *tunica talaris et polymita,* sans spécifier qu'elle était fabriquée d'une seule pièce.[1]

Ysaac .... qui fu obeissans a son pere jusques a la mort, «prophétie de l'œuvre» se rapportant aux mots *Et fu crucefiez et mors* (art. IV, n° 7). La plupart des Pères ne font que noter la ressemblance qui existe entre Isaac portant le bois qui doit lui servir de bûcher, et le Christ qui porta lui-même la croix de sa passion. L'obéissance jusqu'à la mort n'est relevée que par saint Bruno, évêque de Segni: *obediens Patri usque ad mortem ....*[2] Joinville suit l'exemple de la minorité,

[1] Voir les textes cités p. 192, note 2. Cf. Isidore de Séville (*P. L.*, t. LXXXIII, col. 271): «Tunica autem polymita, quam fecit ei pater, *varietatem populorum* ex omnibus gentibus in corpore Christi congregatam significavit»; «polymitam, id est, decoratam *omnium virtutum diversitate*» (*ibid.* col. 272); «*multitudo credentium*», chez Remi d'Auxerre (*P. L.*, CXXXI, col. 114); «*caro Christi,* quam de Virgine sumpsit et variis virtutum figuris decoravit», chez le même auteur (*ibid.*, col. 115); «*sancta* legalis et prophetica *Scriptura*», chez Robert de Tuy (*P. L.*, CLXVII, col. 507)

[2] *Genèse,* XXII, 6; cf. Isidore de Séville (*P. L.*, LXXXIII, col. 249), Tertullien (*P. L.*, II, col. 626) et, en termes analogues, Rémi d'Auxerre (*P. L.*, CXXXI, col. 95), pseudo-saint Prosper (*P. L.*, LI, col. 747), Bède le Vénérable (*P. L.*, XCI, col. 245), Walafried, dit Strabus (*P. L.*, CXIII, col. 139), saint Pierre Damien (*P. L.*, CXLV, col. 852), Robert de Tuy (*P. L.*, CLXVII, col. 429).

Le passage de saint Bruno est le suivant: «Ducitur ergo Isaac ad victimam, et cum resistere posset, sponte tamen se ligari, et super aram poni permittit... Isaac vero filium eius Jesum Christum (significat), qui et ipse factus est *obediens Patri usque ad mortem* (*P. L.*, CLXIV,

et il a peut-être tort, car la préfiguration s'arrête au bûcher, étant donné qu'Isaac ne périt pas et qu'il ne se doutait même pas du sort qui l'attendait.

A la prophétie d'Osée (art. V, n° 2), Joinville ajoute une comparaison qui lui appartient: *ausi comme cil qui mort en la pome.*[1]

La représentation de la vie éternelle sous la forme d'un festin (*seront a la table Nostre Seignor*) appartient aussi aux comparaisons peu communes (art. XII, n° 1)[2], ainsi que l'interprétation de la parabole des cinq vierges (art. XII, n° 2).[3]

---

col. 198–199). L'expression soulignée se trouve chez saint Paul, *Philip.* II, 8, où elle se rapporte à Jésus: «Humiliavit semetipsum factus obediens usque ad mortem, mortem autem crucis».

[1] *O mort, je serai ta mort et tu, anfer, je mordrai en toi. – Car ausi comme cil qui mort en la pome, une partie en porte et l'autre lait, ausi an porta il d'anfer les bons et les maus laissa.* Cf. *Osée*, XIII, 14: «De manu mortis liberabo eos, de morte redimam eos: ero mors tua, o mors, morsus tuus ero, inferne: consolatio abscondita est ab oculis meis».

Voici une image dont a pu s'inspirer Joinville, tout en la rendant plus précise: pseudo-saint Grégoire, *De testimoniis in Oseam prophetam* (*P. L.*, LXXIX, col. 1006): «Ex eo vero quod mordemus partem abstrahimus, partemque relinquimus. Quia ergo in electis suis funditus occidit mortem, mors mortis extitit; quia vero et inferno partem abstulit et partem reliquit, non occidit funditus, sed momordit infernum»; cf. Haimon, évêque de Halberstadt, *Enarratio in Oseam prophetam* (*P. L.*, CXVII, col. 93): «Momordit autem quando partem (suos videlicet electos) liberavit, partem autem reproborum ibi dimisit. Nam ex eo quod mordemus, partem consumimus, partem relinquimus».

[2] Honorius d'Augsbourg, *Elucidarium: De voluptate beatorum* (*P. L.*, CLXXII, col. 1171–1172): «Salomonis deliciae essent eis miseriae ... Hic, id est in hoc mundo, est voluptas multitudinem virorum ac mulierum speciosarum videre, induere vestes pretiosas, praeclara aedificia cernere, dulcem cantum, sermonem concinnum, organa, lyras, citharas, et talia audire; thymiamata et alias diversi pigmenti species odorare; variis epulis deliciari; blanda et mollia tractare; multam pecuniam et variam supellectilem possidere; haec omnia illis infinite redundant. O qualem voluptatem visus ipsi habebunt! .... Eia qualis voluptas gustus, ubi *epulabuntur et exsultabunt in conspectu Dei* (*Psal.* LXVII, 4); et cum apparuerit gloria Dei saturabuntur, et *ab ubertate domus ejus inebriabuntur* (*Psal.* XXXV, 9), etc. ...»

[3] Voir Appendice VI.

Notons enfin que notre auteur s'adresse d'ordinaire aux livres canoniques: toutefois, il cite un «païen» (art. V, n° 5b) et expose l'histoire de la reine de Saba (art. IV, n° 11)[1]; cette dernière est l'unique légende apocryphe que nous trouvons dans son *Credo*.

Dans deux cas, les sources de Joinville ont pu être soit les Pères de l'Église, soit des écrits qui, tout en accusant une origine profane, avaient incorporé au cours de leur histoire beaucoup d'éléments religieux. Ce sont les *Bestiaires*, latins ou français, auxquels notre auteur a pu emprunter les exemples du Lion (art. V, n° 4, voir *supra*, Appendice V) et du Pélican (art. IV, n° 10);[2] mais les mêmes explications se rencontrent chez les théologiens.

*

Si Joinville se sert d'images pour expliquer les douze articles de la foi, il néglige le côté dogmatique du problème. Il ne donne pas de définitions théologiques; la nature, les attributs du Père, du Fils, du Saint-Esprit ne trouvent pas d'explication dans son ouvrage. Les croyances contraires à la foi catholique ne sont pas réfutées; tout au plus si les erreurs des sarrasins et des «bougres parfaits» sont déplorées (art. XII, n° 4b).

Ainsi la toute-puissance de Dieu n'est illustrée que par la défaite des anges rebelles, tandis que ce même article Ier suscite les questions suivantes: l'existence de Dieu, la création du monde *de nihilo*, l'unité de Dieu, etc., questions qui sont débattues et résolues d'une façon subtile par des théologiens de profession comme saint Thomas d'Aquin.[3]

Le raisonnement dogmatique est remplacé par des considérations d'ordre moral; Joinville les rattache aux passages qui sont consacrés à ses idées et images préférées.

[1] Voir Appendice VII.

[2] Voir Appendice VIII.

[3] Voir page 177, note 1.

Parmi les récits de la Bible, c'est l'histoire de Jacob et de son fils Joseph qui l'attire le plus. Il choisit la lutte de Jacob avec Dieu comme prétexte pour exhorter ses lecteurs à croire fermement en Dieu et à se préparer à la vie future. La parabole des vierges sages et des vierges folles lui permet d'y ajouter de nouvelles démonstrations. L'argument qu'il tire de l'épisode de sa captivité pour prouver le fait de la résurrection ne rentre pas dans le cadre de cet exposé. Il nous montre cependant que les questions qui préoccupent Joinville sont: la résurrection, la vie future, la vraie foi qu'il définit à plusieurs reprises.

Il y a, dans ces considérations en marge du *Credo*, des points intéressants sur lesquels nous ne sommes pas toujours arrivé à faire la lumière. Joinville est très affirmatif dans les cas auxquels nous faisons allusion. Quelles étaient les autorités sur lesquelles il se basait? Voici une liste des questions abordées par l'auteur du *Credo* dans ce que nous appelons des digressions, et qui restent obscures pour nous ou demandent un «supplément d'information»:

Art. V, n° 5: Obligation, pour le pécheur, de se confesser dans un délai de trois jours.

L'Église ne paraît pas prescrire la confession dans un délai de trois jours. Le Concile de Trente (Sess. XIII, cap. 7) exige, dans certains cas, que le pécheur aille se confesser «quam primum», c'est-à-dire, selon l'interprétation admise, dans un délai de trois jours: il s'agit du prêtre qui aurait communié ou célébré la messe sans confession préalable; cette règle s'appuie sur les décrets du Concile et sur le commandement de Dieu (Wetzer und Welte, *Kirchenlexikon*, 2e édition, Fribourg-en-Brisgau, 1885, tome II, p. 231). Joinville fait probablement allusion à une coutume répandue dans son entourage.

Art. V, n° 5 a. *Dient li saint qu'il n'est pas merveille quant prodom chiet, mes ce est merveille quant tost ne se releve.*

Art. V, n° 5 b. *Que pechiez soit ordure, ce tesmoigne li paiens qui dist que se pechiez estoit aumone, ne le feroit il pas, car trop est vil chose.* Gaston Paris croyait qu'il s'agissait ici de Sénèque, et son avis a été répété depuis, sans que le passage ait été identifié.

Art. VII, n° 1. Épée de Salomon, comme symbole de la «*droite justice*», et digression sur la justice des princes. Les Pères paraissent ne pas avoir employé cette figure. Pour eux, l'épée est surtout le symbole du Jugement dernier (voir Raban Maure, *Allegoriae in Sacram Scripturam*, *P. L.*, CXII, col. 940 sq.; cf. *P.L.*, CXCIII, col. 322 sq.; dans ses seize interprétations allégoriques du glaive, il ne tient pas compte du jugement de Salomon). Serait-ce une interprétation tout-à-fait personnelle de Joinville?

Et tout le passage n'aurait-il pas la signification politique d'un conseil adressé au successeur de saint Louis? Dans ce cas, la rédaction de l'alinéa en question serait postérieure à 1270 et daterait, peut-être, des années qui précédèrent la guerre d'Aragon, 1283 ou 1284.

Art. XII, n° 4 a. *Les dyables qui croient fermement touz les articles de nostre foi, et riens ne leur vaut por ce qu'il ne font nulles bonnes euvres.* G. Paris crut voir dans cette affirmation un lieu commun, parce qu'un passage analogue se trouve dans une *Vie de saint Eustache* en vers (ms. B. N. fr. 1374, f° 65).[1] Bien au contraire, ce problème est rarement débattu dans la littérature théologique. Il est posé par un passage de l'Épître de saint Jacques (chap. II) sur la foi accompagnée d'œuvres: «19. Tu credis quoniam unus est Deus: Bene facis, *et daemones credunt et contremiscunt.* 20. Vis autem scire, o homo inanis, quoniam fides sine operibus mortua est?» Bède le Vénérable, dans son *Expositio super epistolas catholicas* (*P. L.*, XCIII, col. 21) démontre que les démons croient en Dieu et cite *Luc*, IV, 41 et *Marc*, V, 7. Saint Thomas d'Aquin s'appuie sur le passage de l'Épître de saint Jacques pour prouver que «fides informis potest esse in daemonibus et damnatis» (*Summa theologiae*, *Opera*, tom. VIII; Rome, 1895,

[1] Actuellement publiée par Andreas C. Ott, *Das altfranzösische Eustachiusleben* (*Romanische Forschungen*, XXII, p. 481—607); voir strophes II et III; l'éditeur renvoie à *Jacq.* II, 19 (p. 581).

quaestio XVIII, art. 3). Il fait observer ailleurs (*ibid.*, quaestio V, art. 2): «Et ideo in nullo malitia eorum minuitur per hoc quod credunt». Joinville aurait-il étudié la *Somme*, lui dont l'esprit était tellement dissemblable de celui de saint Thomas d'Aquin?

Art. XII, n° 4 b. Les sarrasins et bougres parfaits qui *font molt de grant penances, et riens ne lour vaut*, car ils ne croient pas. La source de Joinville doit être cherchée dans des traités contre les infidèles et les hérétiques. Ou bien ne serait-ce qu'un développement de *Jean*, III, 18: «Qui credit in eum (*scil.* in Filium), non judicatur: qui autem non credit, jam judicatus est, quia non credit in nomine unigeniti Filii Dei», et III, 36: «Qui credit in Filium, habet vitam aeternam: qui autem incredulus est Filio, non videbit vitam, sed ira Dei manet super eum»? Cf. *Jean*, V, 24.

*

En résumé, quelles étaient les sources dont se servit Joinville pour composer son traité?

Les citations inexactes[1] et les attributions erronées nous font soupçonner qu'il ne travaillait pas toujours sur les textes mêmes et qu'il ne vérifiait pas ses citations.

C'est surtout à sa mémoire qu'il demandait sa documentation. Des lectures antérieures, des sermons entendus à l'église[2] lui ont fourni des exemples, des «prophéties de l'œuvre et de la parole». Il a pu aussi profiter des conseils et de l'érudition des prêtres, ses compagnons de croisade, tel ce Henri le Tyois dont il invoque l'autorité dans les chapitres préliminaires du *Credo*. Mais nous ne sommes guère

[1] Par contre, les citations exactes ne sont pas nombreuses: art. IV, nos 8 et 13; art. VI, nos 2 et 4; art. VIII, n° 2 b.

[2] Je dois cette suggestion à mon vénéré maître M. Mario Roques. En effet, les articles du Symbole et les préfigurations qui s'y rattachent ont dû, plus d'une fois, fournir des sujets de sermons aux prédicateurs entendus par Joinville.

enclin à partager l'avis formulé par G. Paris, qui croyait que Joinville avait «prié quelque clerc, son chapelain, peut-être, de lui fournir les autorités qu'il voulait employer à l'édification des laïques» (*H. L.*, XXXII, p. 368). G. Paris ne voulait pas reconnaître à Joinville «une érudition théologique si étendue» et doutait qu'il eût «à sa disposition tous les livres auxquels il renvoie».[1] Mais les erreurs que nous avons relevées seraient bien plus graves si elles émanaient d'un ecclésiastique, et nous avons fait remarquer plus haut que rien ne nous contraignait de voir dans le *Credo* une édition *ne varietur* publiée en 1250 ou 1251 et complétée en 1287 ou 1288 par quelques paragraphes seulement, relatifs à saint Louis. Joinville avait pu enrichir considérablement son érudition théologique dans cet espace de temps, et nous savons par ailleurs que Louis IX avait beaucoup de respect pour ses connaissances théologiques (*Histoire de saint Louis*, § 26, éd. Natalis de Wailly). S'il s'est, peut-être, adressé à des prêtres de son entourage, il est, d'autre part, évident qu'il possédait des connaissances personnelles. Elles ne se réduisaient pas à des lieux communs, quel que soit le nombre de ces derniers dans son *Credo*; nous avons vu qu'il s'en est écarté plusieurs fois.

Enfin, il ne faudrait pas négliger un élément qui a pu inspirer Joinville dans le choix de ses exemples: la peinture. Les images jouent un rôle important dans son traité et, dans un cas, une miniature remplace tout commentaire. Selon Ambroise Firmin Didot, Joinville aurait été frappé par le luxe des manuscrits byzantins qu'il a pu connaître en Palestine et aurait voulu les imiter dans son livre, lui qui orna «ses chapelles et verrières de Blécourt de beaux vitraux, où il faisait représenter soit des sujets pieux, soit des faits historiques relatifs aux

[1] G. Paris est plus indulgent pour Joinville dans le chapitre biographique de *l'Histoire littéraire* (p. 304): «Son *Credo* nous montre une remarquable instruction biblique et théologique et prouve qu'il avait sérieusement réfléchi aux matières de la foi. Où avait-il puisé ces notions précises et le germe de ces réflexions? Sans doute, dans l'entretien des clercs, qu'il aimait à fréquenter....»

croisades».[1] Ch.-V. Langlois croyait plutôt à l'influence des Bibles à images. Mais si rien ne s'oppose à ce que les manuscrits byzantins ou les Bibles historiées aient pu suggérer à Joinville l'idée de faire enluminer son *Credo*, une Bible illustrée, histoire sainte abrégée à l'usage des croyants, n'aurait pas pu fournir à Joinville l'ensemble d'images qui lui était nécessaire.[2]

Les *Bibles des pauvres* (*Biblia pauperum*) sont postérieures au *Credo* de Joinville (les plus anciens manuscrits ne remontent pas au-delà de 1325); elles aussi embrassent toute la vie du Christ, qu'elles expliquent à l'aide de préfigurations. Si elles permettent de reconstituer un commentaire au *Credo*, comme le fait M. Engelhardt, on n'y arrive qu'en intervertissant l'ordre des images.[3]

Nous avons parlé plus haut (p. 183) des manuscrits enluminés qui opposent les douze apôtres à douze prophètes: ils sont tous postérieurs au *Credo* de Joinville, et n'ont pas pu lui servir de modèle. Le Missel de Saint-Nicaise de Reims (fin du XIIIe siècle), conservé actuellement à la Bibliothèque Publique de Pétrograd,[4] présente, à cet égard, un intérêt beaucoup plus considérable, car il contient toutes les miniatures traitées ou annoncées dans notre *Credo*, y compris la scène de la captivité des croisés, ainsi que d'autres, appropriées à illustrer le *Credo* de Joinville, soixante pièces au total, et, en plus, douze figures de prophètes et douze figures d'apôtres; toutes ces miniatures sont indépendantes du Missel proprement dit. La présence de la miniature autobiographique dans

---

[1] *Credo de Joinville*, fac-simile d'un manuscrit unique, précédé d'une dissertation par Ambroise Firmin Didot; Paris, 1870, p. 14.

[2] Ch.-V. Langlois, *La vie en France au moyen âge*. IV. *La vie spirituelle*; Paris 1928, pp. 2 et 3; cf. L. Delisle, *H. L.*, t. XXXI, p. 231 sq.

[3] Cf. P. Heitz et W. L. Schreiber, *Biblia pauperum; nach dem einzigen Exemplare in 50 Darstellungen*; Strasbourg, 1903. — Hans Engelhardt, *Der theologische Gehalt der Biblia pauperum*; Strasbourg, 1927 (voir pp. 91—92). — E. Mâle, *o.c.*, p. 244 sq.

[4] Langlois, *o.c.*, p. 5, note 3, et la communication de M. W. Bakhtine, présentée par M. Ch.-V. Langlois (*Comptes rendus de l'Académie des Inscriptions et Belles-Lettres*, 1928, pp. 362 à 368).

le Missel de Saint-Nicaise, bien que le sujet ne soit pas traité de la même manière dans les deux manuscrits, est la «preuve évidente que le miniaturiste de ce Livre avait sous les yeux un exemplaire du *Credo*, et aussi qu'il s'y conforma d'une façon inconsidérée» (p. 367).

Dans l'état actuel de nos connaissances, il n'est pas facile de déterminer le rapport entre les deux ouvrages. Il se peut que le miniaturiste du Missel ait eu sous les yeux une édition plus complète du *Credo* de Joinville, et qu'il ait traduit en latin les légendes françaises de son original. Mais une circonstance qui a échappé à Ch.-V. Langlois et à M. Bakhtine, s'oppose à une solution aussi simple, et nous amène à chercher d'autres sources du Missel, à côté du *Credo* du Joinville. Le traducteur des légendes aurait commis une négligence en mettant *Sibilla* à la place de la *royne de Saba* (p. 366). Mais ceci prouve précisément que le traducteur s'était servi d'une autre version que celle de Joinville, car certaines rédactions de la légende de la croix font apparaître Sibylle à la place de la reine de Saba (voir l'article de Mussafia, cité à l'Appendice VII, pp. 205, 210, 213, et celui de W. Meyer, cité *ibid.*); par exemple, dans la *Penitence Adam* d'Andrius (B. Nat. fr. 95, XIIIe siècle) on lit (Mussafia, *art. cité*, p. 205): «En la terre avoit une moult haute dame qui estoit nomee *Sebile*, et vint au temple Damedieu».

Quel que soit l'intérêt de la découverte faite par le regretté Ch.-V. Langlois, elle n'établit pas les sources de l'inspiration de Joinville. M. Bakhtine croit que «c'est dans les monuments iconographiques qu'il les faut surtout chercher» (p. 367). «Cela revient à dire, semble-t-il, poursuit Ch.-V. Langlois, que selon l'opinion de notre correspondant occasionnel, il y avait déjà, avant 1250—1251, des livrets d'images, conçus à la manière du *Credo*, dont Joinville se serait servi en se bornant plus ou moins à les enrichir de gloses et de légendes en français. Ces livrets hypothétiques seraient les vraies sources du *Credo* et le décorateur du Livret de Saint-Nicaise, les connaissant peut-être aussi bien que le *Credo*, les avait, peut-être, en même temps sur sa table».

Ch.-V. Langlois concluait en félicitant M. Bakhtine de ne pas être entré «dans le domaine des conjectures».

Nous ne connaissons pas de livres qui auraient pu servir de modèle à Joinville. Mais ne pourrait-on pas chercher cette source du *Credo* dans une autre branche de l'art religieux, qui par sa magnificence même devait produire un effet saisissant et pousser à la réflexion, sinon à l'imitation?

Nous croyons que Joinville a pu concevoir le plan de son édition illustrée du *Credo* en admirant les vitraux des grandes églises de France, qui au XIIIe siècle avaient atteint leur plein épanouissement. Par exemple, ce vitrail de la cathédrale de Bourges, composé de dix-sept images et qui, d'après l'abbé Ch. Cahier, représente la *Nouvelle Alliance*[1], en contient dix au moins qui se retrouvent chez Joinville ou qui ont trait à son commentaire: Isaac marchant au sacrifice; Isaac sur l'autel (cf. art. IV, n° 7); l'agneau pascal immolé et les portes marquées de la lettre *tau* (art. IV, n° 9); la Résurrection de Jésus (cf. miniature XII); Jonas rejeté par le poisson (min. X); Ephraïm préféré à Manassé (min. XXII); le Pélican (art. IV, n° 10), et le Lion (art. V, n° 4). Deux images représentent le portement de la croix (min. VI) et le Calvaire (min. VII), trois autres paraissent avoir aussi trait à l'agneau pascal; deux images se rapportent à Moïse, mais pas au buisson ardent; et, enfin, deux sujets du vitrail sont étrangers à la collection du *Credo*.

Des sujets analogues se retrouvent dans les vitraux des cathédrales de Chartres, du Mans[2] et de Tours. Par exemple,

[1] A. Martin et Ch. Cahier, *Vitraux peints de Saint-Étienne de Bourges*. Recherches détachées d'une monographie de cette cathédrale; Paris, 1841.

[2] Chapelle de Notre-Dame-du-Chevet, fenêtre absidale: Abraham et Isaac; sacrifice d'Abraham; Portement de la croix: Jacob bénit Ephraïm et Manassé; Jésus en croix; David; le Lion; Jonas et la baleine; la Résurrection; l'Agneau et la lettre *tau*; résurrection des morts (deux scènes), ainsi que six autres sujets qui ne coïncident pas, ou ne coïncident pas exactement, avec ceux qui nous intéressent; notons toutefois les «deux personnages dont l'un est frappé par le diable» et rappelons-nous ce que Joinville dit des pièges que le diable tend aux humains.

à Chartres, deux images sont consacrées à Isaac; une à l'agneau et une autre aux petits-fils de Jacob; un vitrail de Lyon (Cahier, *op. cit.*, p. 127) représente, au centre, l'Annonciation, Bethléem, le Calvaire, la Résurrection et l'Ascension, et, sur les bordures: 1) *le buisson ardent et la toison de Gédéon* (cf. art. II, n° 2); 2) une jeune femme portée par une licorne et *le prophète Isaïe annonçant l'enfantement de la Vierge* (cf. miniature III); 3) le serpent d'airain et le *sacrifice d'Abraham* (art. IV, n° 7); 4) *le Lion et Jonas* (art. V, n° 4, et min. X); ..... 6) *un ange congédiant les disciples après l'Ascension* (min. XIV) et un apôtre.

Ne serait-ce pas en contemplant un de ces splendides vitraux, imposants dans leur ensemble et qui représentent des préfigurations, des «prophéties de l'œuvre», et des «prophéties de la parole» (Isaïe), que l'idée germa dans l'esprit de Joinville d'expliquer, à l'aide d'images, les vérités contenues dans le *Credo?*

N'est-ce pas en admirant l'histoire de saint Julien l'Hospitalier sur les vitraux de la cathédrale de Rouen que Gustave Flaubert conçut l'idée de son conte émouvant?

Appendice I.

Le Symbole des apôtres.

1. Credo in Deum Patrem omnipotentem, creatorem cæli et terrae. 2. Et in Jesum Christum Filium ejus unicum, Dominum nostrum. 3. Qui conceptus est de Spiritu Sancto, natus ex Maria Virgine. 4. Passus sub Pontio Pilato, crucifixus, mortuus et sepultus. 5. Descendit ad inferos, tertia die resurrexit a mortuis. 6. Ascendit ad cælos, sedet ad dexteram Dei Patris omnipotentis. 7. Inde venturus est judicare vivos et mortuos. 8. Credo in Spiritum Sanctum. 9. Sanctam Ecclesiam catholicam, sanctorum communionem. 10. Remissionem peccatorum. 11. Carnis resurrectionem. 12. Vitam æternam.

Appendice II.

Tertullien, *Adversus Judaeos* (*P. L.*, II, col. 595 sq.). Les chapitres 7: *Christus venturus*, 8: *Destructio Jerusalem*, 9: *Christi nativitas*, et 10: *Passio Christi*, se rapprochent des sujets traités par Joinville. Le nombre des préfigurations est beaucoup plus élevé chez Tertullien; quelques-unes d'entre elles se retrouvent chez les deux auteurs.

Pseudo-saint Ambroise, *Explanatio symboli ad initiandos* (*P. L.*, XVII, col. 1155–1160). Explication élémentaire du Symbole avec réfutation de quelques fausses croyances; pas de témoignages tirés des Écritures.

Rufin d'Aquilée, *Commentarius in Symbolum apostolorum* (*P. L.*, XXI, col. 335 sq.). Explication du mot *symbole*; histoire du Symbole des apôtres. Le commentaire consiste dans l'explication de chaque mot et s'appuie sur des citations tirées, pour la plupart, du Nouveau Testament. Peu de citations coïncident avec celles de Joinville (*Ps.* CIX; *Job* XL). Rufin ne dédaigne pas les exemples empruntés à la mythologie païenne (le phénix, naissance de Minerve du front de Jupiter, naissance de Bacchus de la cuisse du même dieu) pour polémiser avec les détracteurs de la foi chrétienne.

Saint Augustin, *De Fide et Symbolo* (*P. L.*, XL, col. 181 sq.). Explications des articles de la foi; citations à l'appui, empruntées au Nouveau Testament; cf. sermons publiés au t. XXXVIII, col. 1058 sq.

Saint Maxime de Turin, *Homélie* 83, *De traditione Symboli* (*P. L.*, LVII, col. 431). Origine du Symbole. Tradition des apôtres. Par la vérité du Symbole, chaque fidèle devient chrétien, les vivants se sanctifient, les morts reviennent à la vie.

Saint Fulgence, évêque de Ruspe, *Defensio Symboli contra Fabianum* (*P. L.*, LXV, col. 821 sq).

Saint Ildefonse de Tolède, *De cognitione baptismi* (*P. L.*, XCVI, col. 125–146). Le Symbole est expliqué dogmatiquement.

Amalaire de Trèves (*P. L.*, XCIX, col. 896). Bref commentaire.

Pseudo-Alcuin, *Disputatio puerorum* (*P. L.*, CI, col. 1136 sq.). Questions et réponses. Les articles de la foi sont généralement donnés dans la réponse («Quid postea? quid posthaec facturus erit? – Ascendit in coelum, venturus est judicare vivos et mortuos», etc.), mais aussi dans la question («Credis in Spiritum Sanctum?», etc.). L'explication porte tantôt sur l'exposé de certains faits (vie du Christ en abrégé), tantôt sur le sens des mots: «Quare dicitur omnipotens, et quare creator? – Omnipotens dicitur, quia omnia potest; creator, eo quod omnia creavit, coelum, terram, mare et omnia quae in eis sunt. – Unde dicitur Pontius? – A loco, ubi natus fuit, hoc nomen accepit. – Ecclesia qua lingua dicitur? – Graeca». *Ibid.*, col. 1138–1143, le même sujet est traité avec plus d'ampleur; pas de prophéties, sauf pour l'Ascension (*Ps.* XCV).

Raban Maur, *De ecclesiastica disciplina. Lib. II, De Symbolo.* Bref exposé; pas de citations (*P. L.*, CXII, col. 1224–1228). Sermon du même auteur sur le *Credo* (*P. L.*, CX, col. 27–29).

Saint Bruno de Wurtzbourg, *Commentarius in Symbolum apostolorum* (*P. L.*, CXLII, col. 559 sq.). Interprétation du *Credo* à l'aide de questions et de réponses. Une référence à *Luc*, III, et une autre aux *Actes des apôtres*, I.

Yves de Chartres, Sermon XXIII, *De Symbolo Apostolorum* (*P. L.*, CLXII, col. 604–607). Explication de chaque article du *Credo* et de plusieurs mots; quelques citations des Psaumes et du Nouveau Testament.

Pierre Abélard, *Expositio Symboli apostolorum* (*P. L.*, CLXXVIII, col. 617–630). Histoire du *Credo*; son interprétation; citations de l'Ancien et du Nouveau Testament.

Joslenus de Soissons, *Expositio Symboli* (*P. L.*, CLXXXVI, col. 1479–1488): analogue au précédent.

Nous ne tenons pas compte des interprétations du Symbole, dit de saint Athanase (Quicunque vult salvus esse . . .; voir *P. L.*, LXXXII, col. 585, CXLII, col. 562, CLXXVIII, col. 629 sq.), qui a inspiré aussi des traductions et des paraphrases françaises en prose et en vers: B. Nat. fr. 962, f° 258 r°; fr. 12483, f° 15 r°; fr. 13092 (Fr. Michel, *Libri psalmorum* . . ., p. 362); Cambridge G. G. 4. 32 (*Romania, XV*, p. 343) et les textes publiés par Fr. Michel, *o. c.*, pp. 255–259; cf. S. Berger, *La Bible française au moyen âge*; Paris, 1884, p. 20.

Appendice III.

Jean, XI: «49. Unus autem ex ipsis Caïphas nomine, cum esset Pontifex anni illius, dixit eis: Vos nescitis quidquam,

50. nec cogitatis quia expedit vobis ut unus moriatur pro populo: et non tota gens pereat.

51. Hoc autem *a semetipso non dixit, sed* cum esset Pontifex anni illius, *prophetavit* quod Jesus moriturus erat pro gente».

La «prophétie» de Caïphas a attiré l'attention de nombreux auteurs qui s'emploient à expliquer la possibilité d'une prophétie émanant d'un «malus propheta».

Les *Commentarii in epistolam B. Pauli ad Corinthos primam* (P. L., XVII, col. 251), disent au sujet du verset 2 du ch. XIII de l'Épître: «Et si habuero prophetiam, et noverim omnia mysteria, et omnem scientiam, charitatem autem non habeam, nihil mihi prodest». «Nam et Balaam prophetavit (*Num*. XXIII, 8 sq.), cum propheta non esset, sed hariolus: et *Caïphas prophetavit* (*Joan*. XI, 51), *non merito, sed dignitate ordinis sacerdotalis;* et Saul prophetavit (*I Reg*. XIX, 23), cum jam inobedientiae causa spiritu malo fuisset repletus».

Saint Augustin, dans *In Joannis Evangelium Tractatus* (*P. L.*, XXXV, col. 1757): «*Hic docemur* (*Joan*. XI) *etiam per homines malos prophetiae spiritum futura praedicere:* quod tamen Evangelista divino tribuit sacramento, quia pontifex fuit, id est, summus sacerdos».

Saint Pierre Chrysologue, *Sermo XLIX (P.L.*, LII, col. 338): «*Caïphas prophano prophetat ore* (Joan. XI); *et cum sacerdos esset, falsitatis suae sensum vicit officio veritatis*... Balaam maledico benedicit ore, et conductus ad nequitiam, tota loquitur mysteria veritatis (*Num.* XXIII –XXIV)».

Saint Agobard, évêque de Lyon, *Epistola Gregorii Papae IV (P.L.*, CIV, col. 301): «Unde *(Joan.* XI, 51) *constat etiam impium Caïpham propter cathedram honoratum esse prophetia*».

Saint Pierre Damien, *Liber qui appellatur Gratissimus (P.L.*, CXLV, col. 112): «*Propheticum plane spiritum ad momentum accepit, non ut ipse, quod vaticinabatur, agnosceret*... Nobis nempe, non sibi vidit, et occultum sapientiae thesaurum, quem ipse ignorabat, aperuit... *Caïphas neque gratis, neque legaliter intelligitur sacerdotium suscepisse*,... *et tamen prophetiae spiritum indignus accepit*... Non enim ex merito ille propheticum spiritum, sed ex ministerio, quo fungebatur, accepit».

Robert de Tuy, *In Michaeam Prophetam (P.L.*, CLXVIII, col. 469): «Videmus ita factum, quia ex quo jam dictus Caïphas sanguineam prophetavit prophetiam propheta crudelis et tendens ad sanguinem: nihil est ibi visionis aut veritatis. Et sicut regalis dignitas interiit, et auctoritas sacerdotii decidit, sic omnis quoque ab illis prophetica gratia decessit». Et *supra*, col. 468: «... cum hoc *(i.e. Joan.* XI) diceret, *falsum erat quod animo sentiebat, sed verum erat quod voce sonabat*». Il sentait ou voulait faire sentir aux autres que la mort de Jésus devait préserver les Juifs de l'invasion des Romains et de la ruine définitive; mais ceci était faux, car Jésus n'était pas venu sur la terre pour faire la guerre à qui que ce fût. «Verba autem illius hoc sonabant, quod Jesus pro omnium filiorum Dei redemptione moriturus esset; et hoc verum erat, et veraciter ita factum est».

Raisonnement analogue dans les *Sententiae* de Pierre de Poitiers, lib. I, cap. X (*P.L.*, CCXI, col. 831): «... locutionem protul[er]it ex qua sensus propheticus et verax elici poterat, et tantum falsum dixit; tamen spiritu sancto intimante, factum est, ut talem locutionem proferret quae congrua interpretatione verum significaret. Quem tamen intellectum ipse ibi non habuit, ut ita *quodammodo nesciens videatur verum dixisse*».

Robert de Tuy s'arrête longuement sur le passage de S. Jean dans ses *Commentaires sur saint Jean* (*P.L.*, CLXIX, col. 646): «Unus autem ex ipsis, Caïphas nomine, cum esset pontifex anni illius, dixit eis: Vos nescitis, quidquam neque cogitatis, quia expedit vobis, ut unus moriatur homo pro populo, et non tota gens pereat. — Oratiunculam magnae veritatis significativam, spiritus mendacii per os hujus

Caïphae sibimet usurpavit, ut quod confiteretur evangelica fides in veritate, hoc idem aequivoce sonaret, per os nescientis, et contra omnem veritatem nitentis homicidae. *Quod evangelista ipse admirans, continuo subjungit:* «Hoc autem . . . . congregaret in unum». *Magnum spectaculum* hujus anni pontificis, qui redempto pontificatu unius anni, vere ut fur et latro in ovile ascendit, et nunc ipsum pastorem ovium mactare intendit, ut furta sua licentius agere possit. «Hoc, inquit, a semetipso non dixit». Quid est a semetipso non dixit, nisi *hoc verbum de corde suo non adinvenit?* Nam revera *antequam Caïphas fieret, factum est hoc verbum, ut Jesus moreretur pro gente*, et factum est utique ad sanctos prophetas, imo, erat antequam fierent prophetae, antequam fieret Abraham, sed et antequam formaretur Adam . . . Potest exempli gratia sic dici: Cum esset cymbalum magnum, clare tinnivit, quia videlicet virtutem loquelae suae non magis advertit quam tinnitum suum cymbalum sentit . . . . . . Rei veritatem . . . . . nec sensit, nec a semetipso dixit, sed impellente manu Dei cor stultum quomodo voluit clare et longe audibilem tinnitum reddidit. Itaque *quoniam hoc a semetipso non dixit, sed verbum prophetavit, recte sanctus evangelista, imo et tota Christi Ecclesia, verbum rapuit de ore illius mali prophetae, et indigni pontificis . . .*»

Cf. *Philipe de Thaün, Li Cumpoz,* hgg. v. Eduard Mall; Strasbourg, 1873:

> Si cum Caÿfas fist,
> Ki primierement dist
> Qu'uns hom deveit [murir]
> Pur le pople [guarir];
> E ço fut prophecie
> Del fil sainte Marie.

Appendice IV.

Sire, ou me responderai je au jor del Jugement que je ne voie l'ire ta face?

Aucun passage du *Livre de Job* ne correspond à la citation donnée par Joinville. Il est question du jour du Jugement dernier au livre XIX: «25. Scio enim quod Redemptor meus vivit, et in novissimo die de terra surrecturus sum: 26. Et rursum circumdabor pelle mea, et in carne mea videbo Deum meum: 27. Quem visurus sum ego ipse, et oculi mei conspecturi sunt, et non alius: reposita est haec spes in sinu meo . . . . . . 29. Fugite ergo a facie gladii, quoniam ultor iniquitatum gladius est; et scitote esse judicium».

Mais ce sont des paroles d'espérance et non pas de crainte; des paroles de menace pour ceux seulement qui ne se soumettent pas au Seigneur.

La crainte de la colère de Dieu trouve son expression dans les paroles de Job, XXIII, 15: «Et idcirco a facie ejus turbatus sum, et considerans eum, timore sollicitor». Ici, il s'agit de la face menaçante de Dieu.

Le jugement de Dieu qui frappe les impies (mais non pas le Jugement dernier) est représenté au livre XXXIV (paroles d'Eliu, l'un des interlocuteurs de Job): «21. Oculi enim ejus (Dei) super vias hominum, et omnes gressus eorum considerat.

22. Non sunt tenebrae, et non est umbra mortis, ut abscondantur ibi qui operantur iniquitatem.

23. Neque enim ultra in hominis potestate est, ut veniat ad Deum in judicium.

24. Conteret multos, et innumerabiles, et stare faciet alios pro eis.

25. Novit enim opera eorum: et idcirco inducet noctem, et conterentur».

Ce passage fait allusion à l'«ire» de Dieu à laquelle personne ne peut se soustraire.

Enfin, XIV, 13; ce verset parle de la fureur divine, mais ne contient aucune allusion au jour du Jugement. Job se montre même sûr de la clémence divine: «Quis mihi hoc tribuat, ut in inferno protegas me, et abscondas me, donec pertranseat furor tuus, et constituas mihi tempus, in quo recorderis mei?»

Saint Grégoire le Grand commente le dernier passage dans son *Expositio in Librum B. Job*, l. XII, cap. IX (*P.L.*, LXXV, col. 992–993): «Quia ante adventum mediatoris Dei et hominis omnis homo, quamvis mundae probataeque vitae fuerit, ad inferni claustra descenderit, dubium non est, quoniam homo, qui per se cecidit, per se ad paradisi requiem redire non potuit, nisi veniret ille qui suae incarnationis mysterio ejusdem nobis paradisi iter aperiret... Beatus igitur Job ante Mediatoris adventum ad infernum se descendere sciens, conditoris sui illic protectionem postulat, ut a locis poenalibus alienus existat, ubi, dum ad requiem ducitur, a suppliciis abscondatur».

Comme aucun de ces passages du *Livre de Job* ne coïncide avec la citation alléguée par Joinville, ne se pourrait-il pas que l'auteur du *Credo* eût dans la mémoire les versets célèbres du Psaume CXXXVIII: «7. *Quo ibo a spiritu tuo? et quo a facie tua fugiam?* 6 Si ascendero in caelum, tu illic es: si descendero in infernum, ades. 9. Si sumpsero pennas meas diluculo, et habitavero in extremis maris. 10. Etenim illuc manus tua deducet me: et tenebit me dextera tua»?

Saint Augustin dit au sujet de *Job*, XXIII, 15 dans ses *Adnotationes in Job* (*P. L.*, XXXIV, col. 849): «Idcirco a facie ejus turbabor. Modo turbabor, ut caveam cogitans futurum judicium, ubi erit ejus manifestatio». Ceci nous rapproche du texte de Joinville.

Cyrille de Jérusalem s'exprime ainsi en parlant du second avènement du Christ (*P.G.*, XXXIII, col. 899–900): «Quoniam, inquient, fugiemus a facie irae tuae?» Les commentateurs renvoient le lecteur aux sources suivantes:

Apocal. VI, 16: «Et dicunt montibus et petris: Cadite super nos, et *abscondite nos a facie* sedentis super thronum, *et ab ira* Agni» (cf. *Isaïe*, II, 19: «et introibunt in speluncas petrarum, et in voragines terrae, a *facie formidinis Domini*, et a gloria majestatis ejus, cum surrexerit percutere terram.»).

Nahum, I, 6: «*Ante faciem indignationis ejus quis stabit?* et quis resistet in ira furoris ejus? Indignatio ejus effusa est ut ignis, et petrae dissolutae sunt ab eo».

Il est, d'autre part, évident que le raisonnement de Joinville et le texte inexact de Job se rapportent à l'article VII.

Appendice V.

La profecie par euvre de la resurrection Nostre Seignor poez veoir par lou lyon qui resuscite son lioncel au tierz jour.

Genèse, XLIX, 9: «Catulus leonis Juda: ad praedam, fili mi, ascendisti: requiescens accubuisti ut leo, et quasi leaena, quis suscitabit eum?» — Ce n'est par une *préfiguration* proprement dite, mais un symbole tiré de l'histoire naturelle, ou même une «prophétie de la parole».

Pseudo-saint Euchère, *Commentarii in Genesim (P.L.*, L, col. 1040): «*Physici autem de catulo leonis scribunt*, quod *cum natus fuerit tribus diebus et tribus noctibus dormiat*, tunc *deinde patris fremitu* vel rugitu, veluti *tremefactus cubilis locus suscitare dicitur catulum dormientem. Quod valde congruenter de passione mortis aptatur in Christo*, qui tribus diebus, et tribus noctibus in cubili sepulcri jacens somnum mortis implevit. Bene ergo Christus ut leo requievit, quia non mortis acerbitatem timuit, sed etiam in ipsa morte mortis imperium vicit. Bene idem iterum ut catulus leonis, quia die tertia resurrexit, unde, et sic adjungitur de resurrectione ejus: Quis suscitabit eum?»

Ce passage se retrouve, sous une forme abrégée, dans Walafried Strabus, *Glossa ordinaria (P.L.*, CXIII, col. 178; cf. Remi d'Auxerre, *Commentarius in Genesim, P.L.*, CXXXI, col. 126): «Ferunt enim de de catulo leonis quod natus tribus diebus dormiat, tertio tandem die magno rugitu patris excitatur. *Sic et Christus tribus diebus dormivit in sepulcro, et tandem tertio die a Deo Patre excitatus est*».

Guibert le Vénérable, *Moralia in Genesin (P.L.*, CLVI, col. 323), donne une interprétation différente: «Catulus leonis, juxta physicos, dormiens nascitur, sed die tertio voce parentis postmodum excitatur. Vere ergo religionis effectus, Judas scilicet in primitivis suis affectibus, quasi torpidus et quodammodo sua novitate hebes oritur, sed post Trinitatis, quod Deus est, agnitionem, quae non nisi amor ejus est, quae sola cognoscibilis sibi vox est, ad scientiae claritatem expergiscitur».

De même, saint Ambroise ne parle pas des trois jours dans *De benidictionibus patriarcharum (P.L.*, XIV, col. 679), où le Lion est comparé à Dieu le Père, et le Lionceau à Dieu le Fils.

Godefroi d'Admont (*P.L.*, CLXXIV col. 1140) donne une explication tout à fait divergente: le Lion est le «bonus et justus magister atque doctor», «qui fortissimus esse debet in sancta operatione, fortisssimus in vitiorum atque carnalium desideriorum compressione». Le rugissement du lion est la prédication de l'Évangile.

Passage tiré du *Physiologus* de Théobald, faussement attribué à Hildebert (*P.L.*, CLXXI, col. 1217):

DE LEONE.

— — — — — — — — — — — — — — —

Natus non vigilat dum sol se tertio gyrat,
Sed dans rugitum pater ejus suscitat illum.
Tunc quasi vivescit, tunc sensus quinque capescit...

— — — — — — — — — — — — — — —

Non penitus notum fuit ulli daemoniorum
Viscera Mariae tibi, Christe, fuisse cubile,
Et qui te genuit, triduum post surgere fecit,
Cum mortis vindex, mortem crucis ipse subires.

La vertu miraculeuse attribuée au lion par Joinville et par les Pères de l'Église a ses racines dans le *Physiologus*, traité de caractère gnostique qui a été composé en langue grecque à Alexandrie au début du IIe siècle de notre ère (voir F. Lauchert, *Geschichte des Physiologus;* Strasbourg, 1889). Cette croyance pourrait remonter à une interprétation erronée d'Aristote et d'autres naturalistes de l'antiquité (voir Lauchert, *o.c.* p. 6), d'après lesquels les petits du lion naissent difformes et aveugles et ne se développent qu'assez tard.

La version latine du *Physiologus* parle ainsi de la «tierce vertu» du lion (reproduit chez Ch. Cahier, *Mélanges d'archéologie, d'histoire et de littérature*, t. II; Paris, 1851, p. 108; texte du ms. 10.074 de Bruxelles, avec les variantes du ms. 233 de Berne):

«Item tertia natura leonis est quum leaena peperit catulum, generat eum mortuum; et custodit eum tribus diebus, donec veniens pater ejus die tertia insuflat in faciem ejus et vivificat eum. Sic omnipotens Pater Dominum nostrum Iesum Christum filium suum tertia die suscitavit a mortuis; dicente Iacob *(Gen.* XLIX): Dormivit tamquam leo, et sicut catulus leonis: quis suscitavit eum?»

Les *Physiologues* français reproduisent ce trait, mais deux d'entre eux y introduisent cette particularité qui se retrouve chez Joinville, savoir que le lion ressuscite ses petits par son rugissement.

Philippe de Thaün, *Bestiaire*, pp. E. Walberg; Lund et Paris, 1900:

Saciez que la leüne 363
Sun feün mort feüne;
E quant sun feün tient
Li leüns i survient,
Tant vait entur e crie
Qu'al tierz jur vient a vie.
E iceste nature
Mustre ceste figure.
Saciez Sainte Marie
Leüne signefie
E li leüncels Crist,
Qui pur gent morz se fist;
Par treis jurz jut en tere
Pur noz anmes cunquere,
Sulunc humanité,
Nient sulun deïté,
Si cume Jonas fist
Ki el peissun se mist.
Par le cri del leün
La vertu Dé pernum
Par quei resuscitat
Crist enfer despuillat.

Pierre le Picard s'exprime de la façon suivante dans son *Livre des natures des bestes*:

«La tierche vertu del lion ce est quant la lionnesse enfante son lioncel ele le rent tot mort par la bouche, c'est une pieche de char en forme de lionchel; puis le garde ele ·III· jors tot mors. Et al tiers jor vient li lions et si l'alaine, et demaine grant ruiement sor lui; et tant li vait entor et ruit et alaine sor lui, que li met vie par son alener, et le resuscite que par son alener que par la vois; et saut sus par le ruiement que li peres demain[e], et le sieut. Et alsi li poissans Pere resuscita de mort al tierc jor son saint fils nostre Segnor Jhesu Crist. Dont Jacob dist: Il dormi ensement comme li lions et comme li chaels de lion» (Cahier, *o.c.*, p. 108).

Les Bestiaires de Guillaume et de Gervaise s'en tiennent à la version latine.

Gervaise, Bestiaire, p. p. P. Meyer (*Romania*, I, p. 420 sq.; ms. du XIIIe siècle):

Lions naist toz morz, mais sa mere 121
·II· jors le garde; au tierz li pere
Qui l'engendra vient en la place.
Au leoncel soffle en la face:
Tot meintenant est pleins de vie.
Or oez que ce senefie.
Dex, por nostre redemption
Soffrit et mort et passion.
— — — — — — — — — —
·II· jorz i fu, n'e[n] dotez mie; 135
Au tie[r]z jor vint de mort a vie.
Si cum Jacob prophecia,
Dex come lions reposa.
Et sicut catulus leonis qui suscitavit eum.

Guillaume, *Bestiaire divin* (XIIIe siècle), p.p. C. Hippeau, Caen, 1852:

La tierce nature ensement 147
Est mervellose estrangement
Et mervellos essample done:
Quer quant la femele foone,
Le foon chiet a terre mort;
De vivre n'avra ja confort,
Jusque li pere, au tierz jor,
Le soufle et leche par amor;
En tel maniere le respire,
Ne porreit aveir autre mire.
En itel guise vient a vie.
Or entendez que senefie;
Senefiance i a moult clere:
— — — — — — — — — —
Quant Dex fu mis el monument, 205
Treis jorz i fut tant solement;
Et au tierz jor le respira
Li pere, qui le suscita,
Autresi comme li lion
Respire le petit foon.

Cf. Richart de Barbezieux (XIIIe siècle), dans Karl Bartsch, *Chrestomathie provençale*, 6e éd. par Eduard Koschwitz; Marbourg, 1903, col. 185:

Atressi cum lo leos
Que es tant fers quan s'irais
De son leonel, quan nais
Mortz ses alen e ses vida,
Et ab sa votz quan l'escrida
Lo fai reviur' et anar,
Atressi pot de mi far
Ma bona domn' et amors
E m garir de mas dolors.

Appendice VI.

Matt. XXV. 1—13: «Tunc simile erit regnum caelorum decem virginibus, etc....»

La similitude indiquée par Joinville (les cinq vierges = les cinq sens) se retrouve chez saint Jérôme, *Commentarii in Evangelium Matthaei* (*P. L.*, XXVI, col. 184): «*Possumus quinque virgines,* sapientes et stultas, *quinque sensus interpretari:* quorum alii festinant ad coelestia, et superna desiderant: alii terrenis faecibus inhiantes, fomenta non habent veritatis, quibus sua corda illuminent».

Saint Augustin, *Sermon XCIII* (*P. L.*, XXXVIII, col. 573 sq.): «... Quae sint decem virgines, quarum sint quinque prudentes et quinque stultae, non facile indagari potest .... Nisi fallor haec similitudo ad universam Ecclesiam pertinet...... Quare ergo quinque et quinque virgines? *Istae quinque et quinque virgines, omnes omnino sunt animae Christianorum .... Omnis anima in corpore ideo quinario numero censetur quia quinque sensibus utitur .....* Qui ergo se abstinet ab illicito visu, ab illicito auditu, ab illicito odoratu, ab illicito gustatu, ab illicito tactu, propter ipsam integritatem, virginis nomen accepit».

D'autres auteurs donnent des interprétations différentes: saint Arnobe le Jeune, *Annotationes in quaedam Evangeliorum loca* (*P. L.*, LIII, col. 578): «Decem virgines......... quinque sapientium nomina dicimus, id est, *spes, fides, charitas, castitas, et eleemosyna*».

Saint Isidore de Seville, *Allegoriae quaedam scripturae sacrae* (*P.L.*, LXXXIII, col. 123 et 124): «Quinque virgines sapientes *omnes animae sanctae* intelliguntur, *quae* quoniam *per quinque sensus corporis nullam admittunt cordis corruptionem,* idcirco quinario numero computantur». Cette interprétation est répétée par Raban Maur dans *De Universo* (*P. L.*, CXI, col. 79).

Bède le Vénérable, *In Matthaei Evangelium expositio* (*P. L.*, XCII, col. 106): «Videntur...... mihi quinque virgines significare... *continentiam in illecebris ....*». Répété chez Smaragdus, *Collectiones in Epistolas et Evangelia* (*P. L.*, CII, col. 549).

Pseudo-Hugues de Saint-Victor, *Allegoriae in Novum Testamentum*, lib. IV (*P. L.*, CLXXV, col. 799): «Decem virgines sunt *universi credentes*, bona opera exhibentes......... Quinque *fatuae virgines* significant illos, *qui* in bonis quae faciunt, non bonam conscientiam, sed *laudem humanam quaerunt. Sapientes virgines* sunt *qui* in bonis quae faciunt non *quaerunt* laudem humanam, sed *conscientiam bonam*».

Philippe de Thaün, *Bestiaire* (éd. citée), adopte l'interprétation de saint Jérôme laquelle sera suivie par Joinville:

Par cinc virgines entent 909
Cinc sens veraiement:
Veeir, oïr, parler,
Tuchier e odurer,
E la virginité
Demustre chasteté.....

Appendice VII.

On lit dans Pierre Comestor, *Historia Scholastica*, au sujet du *Troisième livre des Rois* (*P.L.* CXCVIII, col. 1370):

«*Tradunt quidam eam* (reginam Saba) *rescripsisse Salomoni, quod praesentialiter ei dicere timuit, se vidisse scilicet quoddam lignum in domo Saltus, in quo suspendendus erat quidam, pro cujus morte regnum Judæorum periret, et certis indiciis illud regi indicavit.* Quod timens Salomon in profundissimis terrae visceribus occultavit illud. Pro cujus virtute aqua mota sanavit aegrotos, quod tamen in libris suis negant se habere Hebraei. Sed quomodo circa tempora Christi in probatica piscina superenataverit incertum est (*Joan.* V), et creditur fuisse hoc lignum crucis Dominicae».

Le même auteur dit plus loin (col. 1579): «Traditur a quibusdam, quod regina Saba vidit in spiritu in domo saltus, quae Nethota dicebatur, lignum dominicae crucis, et nuntiavit Salomoni cum jam recessisset ab eo, quod in eo moreretur quidam, pro quo occiso perirent Judaei, et perderent locum et gentem (*Joan.* XI). Quod timens Salomon, defodit illud in terra, ubi post facta est piscina».

L'épisode mentionné par Joinville fait partie de la légende de la Croix répandue au moyen âge dans différentes versions. Elle se résume aux principaux traits suivants: Le bois de la Croix fut rapporté par Seth du paradis terrestre. Au temps de Salomon, on voulut l'employer à la construction du Temple, mais le bois ne s'y adaptant pas, il fut jeté dans la Piscine, ou bien servit de passerelle. C'est dans le dernier groupe des versions qu'apparaît la reine de Saba: elle reconnaît la vertu du bois, refuse de marcher sur la passerelle et prédit le rôle qu'il jouera dans la mort du Rédempteur. La passerelle est jetée alors dans la Piscine, lui communique une force miraculeuse et apparaît à la surface au temps du Christ.

Voir sur ce sujet O. Zöckler, *Das Kreuz Christi*; Gütersloh, 1875, Beilage XII, pp. 467–475. Ce chapitre utilise les conclusions auxquelles est arrivé A. Mussafia dans son étude *Sulla leggenda del legno della Croce* (*Sitzungsberichte der philosophisch-historischen Classe der kaiserlichen Akademie der Wissenschaften*, Wien, LXIII, pp. 165–216). Mussafia reproduit plusieurs textes et indique les ouvrages latins et français (publiés ou inédits) où la légende est mentionnée. Voici, par exemple, la version contenue dans le ms. 707 du monastère de Klosterneuburg (fin du XIIIe siècle): «De quo (*scil.* de ligno crucis) etiam regina Austri, quando venit audire sapientiam Salemonis, prophetavit dicens: Si sciret Salamon quid lignum significaret, nequaquam ulterius illud adoraret» (p. 202).

Wilh. Meyer, *Die Geschichte des Kreuzholzes vor Christus* (*Abhandlungen der philosophisch-philologischen Classe der k. Bayerischen Akademie der Wissenschaften*, München, XVI, 2) souligne qu'avant le XIIe siècle l'Occident paraît avoir ignoré tout de la légende. Gervais de Tilbury et Jacques de Voragine qui l'utilisent font allusion à une «traditio graeca». Le travail de W. Meyer contient des textes inédits se rattachant à la version du manuscrit de Klosterneuburg (voir *supra*).

Les livres canoniques ne font aucune allusion à cette légende. Joannes de Pineda, *De rebus Salomonis regis*, 1613, dit à son sujet: «Nemo tamen huic rei, potius fabulae, fidem ullam habendam censet, praeter Joannem Barrium (João de Barros, historien portugais), qui, ut suam illam de Regina Saba opinationem promoveat, nihil reiiciendum existimat quod cum Regina facere videatur» (p. 550b). Et il résume: «Et sane nihil in illa absurdi, nihil contra pietatem et religionem inesse arbitror: caeterum nihil certum, incerta et apocrypha omnia. De quibus suum cuique iudicium» (p. 553 *a* — au sujet du livre *Fiorero nouello del Testamento vechio e novo*; Venezia, 1478).

Appendice VIII.

Psaume CI, 7: «Similis factus sum pellicano solitudinis: factus sum sicut nycticorax in domicilio».

Saint Augustin dit au sujet de ce verset, dans son *Enarratio in Psalmum CI* (*P. L.*, XXXVII, col. 1299): «Quod enim dicitur, vel etiam legitur de hac ave, id est pelicano, non taceamus; non aliquid affirmantes temere, sed tamen non tacentes quod qui scripserunt, et legi et dici voluerunt. Vos sic audite, ut si verum est, congruat; si falsum est, non teneat. Dicuntur hae aves tanquam colaphis rostrorum occidere parvulos suos, eosdemque in nido occisos a se lugere per triduum: postremo dicunt matrem seipsam graviter vulnerare et sanguinem suum super filios fundere, quo illi superfusi reviviscunt. Fortasse hoc verum, fortasse falsum sit: tamen si verum est, quemadmodum illi congruat qui nos vivificavit sanguine suo, videte... *Habet ergo haec avis*, si vere ita est, *magnam similitudinem carnis Christi*, cujus sanguine vivificati sumus. Sed quomodo congruat Christo, quod ipsa occidit filios suos? An et illi non congruit: Ego occidam, et ego vivificabo; ego percutiam, et ego sanabo (*Deut.* XXXII, 39)?»

Le *Bestiaire* de Philippe de Thaün, *éd. citée:*

Quant (*scil.* li pelicans) vient a ses oisels 2341
E il sunt granz e bels
E [il les] volt joïr,
De ses eles cuvrir,
Li oiselet sunt fier,
Prenent le a bechier,
Volent le devurer
E ses dous uiz crever.
[Li pere] est curucié (*var.* La mere est curucee)
Quant [il] se sent plaié,
Dunc les bechë e prent
Sis ocit a turment,
E puis les laisse atant,
Morz les laisse gisant.
Puis repaire al tierz jur,
Morz les trove a dolur;
Dunc en fait dol si fort
Quant ses oisels veit mort,
De sun bec fiert sun cors
Que li sans en ist fors.
Li sans vait degutant
Sur les oisels chaant;
Li sans at tel baillie
Par lui vienent a vie.
— — — — — — — — — —
Cist oisels signefie 2367
Le fiz Sainte Marie,
Nus si oiselet sumes
E en faiture d'umes,
Si sumes relevé,
De mort resuscité

Par le sanc precïus
Que Deus laissat pur nus,
Cum li oiselet sunt
Ki par treis jurz mort sunt.

D'après F. Lauchert, *o. c.*, pp. 8 et 9, le trait attribué au pélican proviendrait de la fusion de deux légendes: d'après Élian, *Nat. an.* III, 23, le pélican nourrit ses petits de la nourriture de la veille qu'il vomit; le vautour ne quitte sous aucun prétexte ses petits, et quand il n'a pas de quoi les nourrir, il se blesse à la cuisse et les alimente de son propre sang (d'après Horapollo I, 11, éd. Leemans).

Le *Physiologus* latin (Cahier, *Mélanges d'archéologie, d'histoire et de littérature*, II; Paris 1851, p. 137) contient le passage suivant:

«Dicit David in psalmo CI: simile *(sic)* factus sum pellicano solitudinis. Physiologus dicit de pellicano quoniam amorem (*l.* amator) filiorum nimis. Quum autem genuerit natos, et coeperint crescere, percutiunt parentes suos in faciem. Parentes autem repercutientes eos, occidunt filios suos. Tertia vero die, mater eorum percutiens costam suam aperit latus suum, et incumbit super pullos suos, et effundit sanguinem suum super corpora mortuorum filiorum; et sic sanguine suo suscitat eos a mortuis.

Ita et dominus noster Iesus Christus per Esaiam prophetam (*Is.* 1, 2) dicit: Filios genui et exaltavi, ipsi vero me spreverunt. Genuit igitur nos auctor et conditor totius creaturae, omnipotens Deus; et quum non essemus, fecit ut essemus. Nos vero servivimus creaturae potius quam Creatori. Idcirco autem ascendit Dominus noster Iesus Christus in altitudinem crucis, et percusso latere ejus exiit sanguis et aqua in salutem nostram et vitam aeternam. Aqua igitur est baptismi gratia; sanguis vero ejus, calix novi testamenti et aeterni, quod accipiens dedit nobis potum in remissionem et vitam aeternam».

Pierre le Picard, *Livre des natures des bestes* (chez Cahier, *o.c.* p. 136):

«David dit en une seaume premier: Je sui samblables al pellican. Physiologes dist del pellican qu'il aime moult ses oiselés; et quant il sont né et creu il s'esbanoient en lor ni contre lor pere, et le fierent de lor eles en ventelant ensi com il li vont entor: et tant le fierent qu'il le blechent es ex. Et lors les refiert li peres et les ocit. Et la mere est de tel nature que ele vient el ni al tierc jor, et s'acoste sor ses oiselés mors, et ele oevre son costé de son bec, et en espant son sanc sur ses oiselés, et ensi les resucite de mort. Car li oiselet par nature rechoivent le sanc si tost comme il saut de la mere, et le boivent. Tot autresi dit nostre sire Jhesu Crist par Ysaïe le prophete: Jou criai fils et norri, et il me depistrent. Voirement, li verais criere de totes creatures, quant nos n'estions mie, nos fist que nos fuissons; et nos le ferons en la face. Car nos servons a toute creature qu'il fist, ne mie al creator. Por ce monta nostre sire Jhesu Crist en la crois, et sofrit a ovrir son saint costé dont sans et aighe issi por nostre salu en vie pardurable; l'aighe est la grace de baptesme, li sans est li calisses del novel testament que nostre sires rechut en ses mains et benei graces rendans, et nos donna en remission de nos peciés».

Bestiaire de Gervaise, *éd. citée*, p. 437:

David nos nomme ·J· autre oisel,
Pellicanus, mult per est bel.
Quant il a ses oiseauz norriz
Tant qu'il poent issir des niz
Et qu'il se sevent porchacier
Es eiuz lor pere[s] vont bechier
Et lor vuelent des testes traire.
Et quant cil voient lor contraire
Et les mauz que lor fil lor font,
Sachiez que grant dolor en ont
De ce que si les contralient:
Ses bechent tant qu'il les occient.
Li enfant muerent a dolor.
Quant se vient d'iluec au ·iij· jor,
Li peres se beche au costé:
Sainier se fait a grant planté;
Ses anfanz arose del sanc
Que il trait de son destre flanc;
Mei[n]tenant sunt resuscité
Li pucin et tuit resané.
Einsi vienent de mort a vie.
Ce dist en une prophecie:
«Mes fiz exauçai et norri,
Et il m'ont despit et laidi».
Jhesu Crist quant nos n'estions
Nos fit et voust que nous fusons;
Encontre ce nos le ferimes
Quant la creature servimes
Et laisames le creator.
Si se soffrit Nostre Seignor
Por nos pechiez en crois pener
Et le destre costel troer.
Li sanz qui en issi et cola
De noz pechiez toz nos lava.

Le *Bestiaire divin* de Guillaume, *éd. citée*:

Del pelican est grant mervelle:
Quer unques nule mere oelle
N'aima tant son petit aignel
Comme il fet son petit oisel.
Quant ses poucinez a esclos,
En eus norrir et char et os
Met tote sa peine et sa cure:
Mais mult fait male norreture,
Quer quant il sunt norriz et granz
Et auques sages et puissanz,
Si bechent lor peres el vis.
Et tant lor sunt fel et eschis,
Que lor pere, de fin corroz,
Les ocit et les tue toz.
Au tierz jor vient li pere a eus,
Si les quenoist, pitié a d'eus;
Tant les aime d'amor parf(e)ite,
Que donc vient et si les visite;
De son bec perce son costé,
Tant qu'il en a del sanc osté;
De cel sanc, qui d'ilec ist fors,
Lor ramaine la vie el cors
A ses poucins, n'en dotez mie,
Et en tel sens les vivifie.

— — — — — — — — — — —

Nous summes ses fiz, ses pijons,
Qui, comme mauvés et felons,
Nostre Seignor el vis ferimes...

— — — — — — — — — — —

Cest saint sanc nos rachata vie
Et nos osta de la ballie
Du felon qui a non Sathan.
Dex qui est verai pelican
Nos raient en itel maniere,
Comme la gent qu'il ont (*lire*: out) moult chiere.

Appendice IX.

Bibliothèque Mazarine, 58 (anc. 258), XIVe siècle; f° 196 r° – v°. Psautier latin avec traduction française en regard. La colonne de gauche est occupée par le *Credo* latin.

*

Ceste oroison est apelee li escoz des apostres. Car chascun y mist du sien.

Ge croi en Dieu le Pere tout puissant. — Createur dou ciel et de la terre. Et en Jhesum Crist le fill de lui, nostre seul seigneur. En Jhesum Crist est nostre creance et toute nostre esperance quar il et li Peres sunt uns seuls sires et uns seuls dieux touz puissanz. — Qui conceuz est dou seint Espriz. Il, qui est espriz, dou Pere print char. — Nez de Marie la virge sanz travaill et sanz pechié. Penez souz Ponce Pilate. Pilates est princes des Gius cel an que il fu penez. — Crucefiez et morz et enseveliz. Selonc la char soffri mort por nos. — Il descendi as enfers. Por trere hors ceus qui digne estoient de s'amour. — Au tierz jour resuscita de mort. De deus morz resuscita car la morz charnex ne cele d'enfer ne porent tenir. Il monta as cieuls si siet a la destre de Dieu le Pere tout puissant. Li esperites de lui fut (*lire*: fist) la char resusciter et si l'en porta o lui es cieuls. — D'iluec est a venir jugier les vis et les morz. Cil Dieux meimes qui nasqui de la Virge venra au jor dou juise por jugier tout le monde. Je croi el seint Espriz et en seinte commune Eglise, el seint Espriz qui avec le Pere et le fill est uns seus Dex, et en la conpaignie des feels croi ge. El communiom des seinz et el pardon des pechiez. En celui croi a cui seul tuit li seint sunt aclin et qui pardone les pechiez. En la resurrection de la char, en vie pardurable. Et si croi en celui seul qui au jour dou juise fera resusciter toutes genz et qui donra vie pardurable a ses amis. Issi soit il.

Appendice X.

B. Nat. de Paris, fr. 2431 (XIVe siècle), f° 253 r° — v°.

Ce texte a déjà été publié par J. Bonnard, *Les traductions de la Bible en vers français au moyen âge*, Paris, 1884, pp. 142 et 143.

Je crei en Deu de gloire, le Pere tout poissant,
Qui crea ciel et terre et toute rien vivant.
En Jhesu Crist son fill qui en terre nasquit
De Marie la Virge par le saint Esperit;
Qui sos Ponce Pylate por nos tant mal sofri,
Batus, crucefiés, mors et encevelis;
En enfer descendis, au tiers jor resuresis
E en geta les armes o soi de ses amis,
E la destre son pere monta en paradis;
Qui vendra a juger et les mors et les vis.
Je croi (*sic*) el fill, el pere et el saint Esperit. f° 253 v°
Je crei que sainte Yglize fu, est et yert tos dis.

Je crei el verai cors de Jhesu Crist ton fiz.
Je crei que tu pardones pechiés as repentis.
Je crei qu'en ceste char que nous avons meisme
Resuresuteron (*lire*: Resusciteron) nos tuit al jor del juise,
E que li bon seront en vie pardurable,
E li mavais toz tens en paine pardurable.
Amen, si com je croi, soit ferme et estable.

Appendice XI.

B. Nat., fr. 12.483 (XIVe siècle), f° 15 r°.

Je croy de cuer regehissant
En Dieu le Pere tout puissant
Qui le ciel et la terre fist.
Et en son seul filz Jhesu Crist,
Nostre Seigneur qui, conceü
Et du saint Esprit receü,
E[s]t nes de la Virge Marie
Sans mal, ne sans avoir hachie.
Souffri en crois le cors de lui.
Morut et fu enseveli.
Descendant enfer visita
Et au tiers jour resuscita.
Au cielz monta, sist a la destre
Dieu le Pere, tout puissant mestre.
D'ilec vendra a son devis
Jugier et les mors et les vis.
Je croy et m'esperance ai mise
En saint Esprit, en sainte Eglise,
De tous sains la communion,
Des pechiés la remission,
De la char le suscitement,
De vivre pardurablement. Amen.
Amen n'est mes que confermance
De iceste bonne creance.
La *Credo* donne bon confort
Quant on la dit pres de la mort.
Quant on le dit devant mourant
Sa vertus est grande et puissant.
Credo les anemis enchace
Que au mourant nul mal ne face.
Dont quant voz frere aproche a mort,

En disant *Credo* chascun cort
Que Diex le tiegne en ferme foy
Et qu'il le garde de desvoy.
Credo in Deum ai escript
De ma main, et aussi ai dit
Qu'en ma main soit mis a la mort:
Grant pouoir a contre le to[rt].

Appendice XII.

B. Nat., fr. 952 (**A**, XVe siècle), f° 188v°–189v°.

S'ensuivent les douze articles de la foy catholique composez par les XII apoustres. Et premierement:

I. – Saint Pierre.

Je croy en ung seul Dieu le Pere
Tout puyssant, sans rayson enquerre,
Qui crea sans nulle matere
Le monde, le ciel et la terre.

II. – Saint André.

Je croy en Jhesus son seul filz,
Noustre vray seigneur naturel,
Qui pour nous garder de perilz
A voulu estre homme mortel.

III. – Saint Jehan.

Par la vertu du saint Esperit
Il fut conceu sans nulle teche
Et de Marie Vierge nasquit
En Bethleen en une creche.

IV. – Saint Jacques le Majour.

Soubz Pyllate sa passion f° 189 r°
Et mort cruelle en croyz souffrit.
Puis Joseph par devocion
En son tombeau l'ensevelit.

Variantes du ms. fr. 24.439 de la Bibl. Nationale (**B**, *XVe siècle, f° 47 r°–48 r°*). — Les XII. articles de la foy — I–3 matiere.
II — Andry — 10 tache — 12 Bethleem, crache.
IV — Jaques le Major — 13 Pylate — 17 Aux limbes — 19 comme il dist.

V. — Saint Thomas.

Au limbe es enfers descendit
Et les saincts peres en gecta.
Puys au tiers jour, comme avoit dit,
De mort a vie resuscita.

VI. — Saint Jacques le Mineur.

Au quarantiesme aprés, es cyeulx
Monta en sa nature entiere
Et la se siet tres glorieux
A la dextre de Dieu le Pere.

VII. — Saint Philippes.

Je croy qu'en sa grant magesté
Il reviendra de paradis
Pour jugier en vraye equité
En la fin les mors et les vifs.

VIII. — Saint Bartholomé.

Je croy ou benoist saint Esperit
Qui est vray Dieu par tout puissant
De Dieu le Pere en tout escript
Et de Dieu le Filz procedant.

IX — Saint Mathieu.

Je croy l'Eglise catholique
Bien vive et sanctiffie[e],
En la doctrine apostolique
Tres fermement edifiee. (f° 189 v°)

X. — Saint Symon.

Je croy que toutes creatures
Desirans Dieu parfaictement
Par les sept sacremens sont pures
De touz pechez entierement.

VI — Jaques — 21 Au XLe jour aprés es cieulx — 23 sestet.
VII — Phelipe — 26 revendra — 27 juger.
VIII — 29 ou b. — 32 precedent.

XI. — Saint Jude.

Je croi que touz generalement
Ceulx qui furent, sont et seront,
Mouront et puys au Jugement
Ensemble ressusciteront.

XII. — Saint Mathias.

Je croy que tous les bons vivront
En gloire pardurablement,
Et les mauldiz pecheurs iront
Ou feu d'enfer a dampnement.

Appendice XIII.

Bibl. Nat. lat. 4641 B (XVe siècle), f° 124 r°—126 v°.

[C]y aprés s'ensuit la Credo ou est compris nostre creance, la quele est exposee en françois selon que les appostres Nostre Seigneur Ihesu Crist la firent, ou pluseurs prophetes prophetiserent a ce propos.

[C]REDO IN DEUM PATREM OMNIPOTENTEM CELI ET TERRE. a)

Le premier article y mist saint Pierre par la revelacion du saint Esperit quant il dist: «Credo in Deum Patrem omnipotentem, creatorem celi et terre». C'est a dire: «Je croy en Dieu le Pere tout puissant, createur du ciel et de la terre». Cest article nous fut bien figuré par Moÿse le prophete en l'Ancien Testament si comme il est cy dessoubz devisé:

Nonne propheta pater eius qui procedit, fecit, etc. b)

Le Saint Esperit dit ces paroles par la bouche de Moÿse le prophete, et sont escriptes ou XIIe c) chappitre du livre Vteroneme d) ou il dist: «Nonne ipse pater tuus qui possedit et fecit et creavit te?» b) C'est a dire en françois: «N'est pas appellé Dieu ton Pere qui t'a de limont fait et creé?» Et a ce mesmes propos Dieu dist par la bouche de Jeremis le prophete:

XI — 42 sont furent.
XII — 46 perdurablement — 47 maluaiz.
a) lire: *creatorem celi* . . . .
b) DEUTERONOME, XXXII, 6: «. . . . . . . Numquid non ipse est pater tuus, qui possedit te, et fecit, et creavit te?»
c) lire: xxxij°.
d) lire: *Deuteronome.*

Patrem vocabis me. e)

«Tu me appelleras», dist Dieu par la bouche de ce prophete a chascun de nous, «Pere».

[E]T IN JESUM CHRISTUM FILIUM EJUS UNICUM, DOMINUM NOSTRUM.

Cest article y mist saint Andrieu par la revelacion du saint Esperit, et est a dire en françois: «Je croy en Jhesu Crist Nostre Seigneur, seul filz de Dieu le Pere». Cest article nous fu bien demonstré en l'Ancien Testament par David le prophete comme cy dessoubz est dit:

Filius meus es tu. Ego hodie genui te. f)

Le saint Esperit dist ces paroles par la bouche du prophete David: «Filius meus es tu. Ego hodie genui te». Dist Dieu le Pere a Dieu le Filz: «Tu es mes filz. Je t'é au jour d'uy engendré». Par l'inspiration du saint Esperit fut conceü ou ventre de la glorieuse Virge Marie.

[Q]UI CONCEPTUS EST DE SPIRITU SANCTO, NATUS EX MARIA VIRGINE. (f° 124 v°)

Cest article y mist saint Jaques le Grant par la revelaçon du saint Esperit. Et est a dire en françois: «Je croy que le Filz Dieu Jhesu Crist fut conceü du saint Esperit et né de la Virge Marie, sans corrupcion de virginité». Cest article nous fut bien demonstré par le prophete Ysaïe si comme cy aprés s'ensuit:

Ecce virgo concipiet et pariet filium, et vocabitur, etc. g)

Le Saint Esperit dist ces paroles par la bouche de Ysaïe le prophete, et sont escriptes ou VIJ[e] chapitre ou il dit: «Ecce virgo concipiet et pariet filium, et vocabitur nomen eius Emanuel». g) C'est a dire en françois: «Une vierge concevra et enfentera un filz, et sera appellé Emanuel, qui vault autant a dire: Avoec nous». C'est a dire, que la divinité sera conjoincte a l'umanité et que Dieu sera homme mortel.

[P]ASSUS SUB PONCIO PILATO, CRUCIFISUS h) EST, MORTUUS ET SEPULTUS.

Cest article y mist saint Jehan l'Euvangelistre par la revelaçon du saint Esperit, et est a dire en françois, que Jhesu Crist le filz Dieu le Pere souffrit passion soubz le prevost des Juifs appellé Ponce Pilate et fu crucifié vif et mort et ensevely. Cest article nous fu bien demonstré en Daniel le prophete cy dessoubz devisé:

---

e) JÉRÉMIE, III, 19: «...... Patrem vocabis me, et post me ingredi non cessabis».

f) PSAUME II, 7: «Dominus dixit ad me: Filius meus es tu: ego hodie genui te».

g) ISAÏE, VII, 14: «Ecce virgo concipiet, et pariet filium, et vocabitur nomen ejus Emamnuel».

h) lire: *crucifixus*.

Post lxxij ebdomadas occidetur Christus. [i)]

Le saint Esperit dist ces paroles par la bouche de Daniel le prophete et sont escriptes ou ixme chappitre ou il dist: «Post lxxij ebdomadas occidetur Christus.» [i)] C'est a dire en françois: «Aprés lxxij sepmaines de ans, a compter pour chascun an xij mois, valent iiij^c^ iiij^xx^ et x ans». [j)]

[D]ESCENDIT AD INFERNA. TERTIA DIE RESURREXIT A MORTUIS.

Cest article y mist saint Thomas par la revelation du saint Esperit, et est a dire en françois: «Je croy, aprés ce que Jhesu Crist fut mort, sa benoicte ame descendit en enfer. C'est assavoir, en la partie qui est appellee Limbe, pour delivrer tous ses amis, et y fut tout le temps que son corps fut ou sepulcre, et puis au tiers jour aprés resucita de mort a vie». Cest article nous fut bien demonstré par Ozee le prophete cy dessoubz devisé:

Ergo mors tua, morsus tuus ero, inferne. [k)]

Le saint Esperit dist ces paroles par la bouche de Ozee le prophete ou xiij^me^ chapitre: «Ergo mors tua, morsus tuus ero, inferne.» [k)] Dist Dieu a la mort de pechié: «Enfer, je seré ta mort. Car en mourant je te occiray». Sophonias le prophete par la revelacion du saint Esperit dit ou iij^e^ chappitre:

Expecta me in die resurrectionis mee, dixit Dominus, etc. [l)]

C'est a dire en françois: «Atan moy jusques au jour de ma resurrection».

[A]SCENDIT AD CELOS, SEDET AD DEXTERAM DEI PATRIS OMNIPOTENTIS. (f° 125 r°)

Cest article y mist saint Jaques le Meneur par la revelacion du saint Esperit, et est a dire en françois: «Je croy, aprés ce que Jhesu Crist ot souffert mort et resuscitez, il monta es cieulx ou il siet a la

---

i) DANIEL, IX, 26: «Et post hebdomadas sexaginta duas occidetur Christus».

j) Le texte de *Daniel*, IX, 24–27, qui est cité aussi par Joinville (art. III, n° 2), prédit la mort du Christ, et parle de 7+62+1 = 70 semaines. Pas moins de vingt-deux systèmes ont été élaborés au moyen âge pour mettre cette prophétie en harmonie avec la chronologie du Christ. Par «hebdomas» il faut entendre «semaine d'années», sept ans. On voit que le copiste a faussé non seulement le texte, mais aussi l'opération d'arithmétique (cf. *Dictionnaire de théologie catholique*, t. IV, col. 75 sq., 90 sq.).

k) OSÉE, XIII, 14: «. . . . . *ero* mors tua, ô mors, morsus tuus ero, inferne . . . .»

l) SOPHONIAS, III, 8: «Quapropter expecta me, dicit Dominus, in die resurrectionis meae in futurum, quia iudicium meum ut congregem gentes, et colligam regna».

destre de Dieu le Pere». Cest article nous fut bien figuré par . . . .m) le prophete cy aprés devisé :

Qui edificavit in celum ascencionem suam, etc. n)

Le saint Esperit dist par la bouche de . . . . m) le prophete ou ixme chapitre ou il dist : «Qui edificavit in celum ascencionem suam et faticulum suum super terram fondavit». n) C'est a dire en françois, que Jhesu Crist enediffia et fist la montee en sa maison es cieulx avec Dieu le Pere et y porta nostre humanité.

INDE VENTURUS IUDICARE VIVOS ET MORTUOS.

Cest article y mist saint Bertholomieu par la revelaçon du saint Esperit, et est a dire en françois : «Je croy que Jhesu Crist descendera des cieulx et vendra jugier et les vifs et les mors». C'est assavoir, les sauvez et les dempnez : les sauvez a leur consolacion et les dempnez a leur confusion. Cest article nous fut bien figuré par Micheas le prophete si comme cy aprés s'ensuit :

Et erit in novissimis diebus, etc. o)

Le saint Esperit dist par la bouche de Micheas le prophete ou iiij[e] chapitre ou il dist : «Et erit in novissimis diebus, et sequitur, iudicabit Dominus populos multos, etc.» o) C'est a dire en françois, que quant le monde finera, que Dieu moult de pueple jugera. Et le saint Esperit dist par la bouche de Joël le prophete :

Congregabo omnes gentes et deducam eos in valle Josaphas. p)

C'est a dire en françois : «Je assembleré en la valee de Josaphas toutes les gens. C'est assavoir, tous ceulx qui oncques furent, et la les jugeray», dist Dieu.

[C]REDO IN SPIRITUM SANCTUM.

Cest article y mist saint Mathieu l'Euvangelistre par la revelacion du saint Esperit, et est a dire en françois : «Je croy ou saint Esperit qui est l'une des trois personnes de la divinité du quel le Pere par (*sic*) son commencement». Cest article nous fu bien figuré par Zacarie r) le prophete, si comme cy dessoubz est devisé.

Spiritus meus erit in medio vestrum. s)

m) lire: *Amos.*

n) AMOS, IX, 6: «Qui aedificat in coelo ascensionem suam, et *fasciculum* suum super terram fundavit . . . .»

o) MICHEE, IV, 1: «Et erit: in novissimo dierum erit mons domus Domini praeparatus in vertice montium, et sublimis super colles: et fluent ad eum populi . . . . . 3. Et judicabit inter populos multos . . . . .»

p) JOËL, III, 2: «Congregabo omnes gentes, et deducam eas in vallem Josaphat . . . . »

r) lire: *Agée.*

s) AGÉE, II, 6: «. . . . . . et spiritus meus erit in medio vestrum nolite timere».

Le saint Esperit par la bouche de Zacarie le prophete dist:

In die illa effundam super domum David et super habitatores et Jherusalem spiritum gracie et aspiciant in me.

C'est a dire en françois: «Je reprandray,[u] dist Dieu, la grace de mon Esperit sur la (f° 125 v°) maison de David et sur les habitans de Jherusalem», c'est assavoir, sur ceulx qui ont eu memoire de ma mort et passion. Et Agee le prophete dist ainsi: «Spiritus meus erit in medio vestrum». Dist Dieu le Pere: «Mon Esperit sera ou milieu de vous», c'est assavoir, es cuers de chascun bon crestien par l'inspiracion divine.»

[S]ANCTAM ECCLESIAM CATHOLICAM, ETC.

Cest article y mist saint Jaques, frere saint Symon et saint Jude, par la revelacion du saint Esperit, et est a dire en françois: «Je croy en une saincte Eglise et ce que saincte Eglise tient et enseigne par la divine escripture».

Cest article nous fu bien demonstré par Joellin[v] prophete si comme cy aprés s'ensuit:

Spiritus meus gloriosa et extra me non est alia, etc.[w]

Le saint Esperit dist par Joël le prophete ou x^e^[x] chapitre ou il dist:

«*Canite tuba judicum, sanctificate geiunium, vocate cetum, congregate populum et sanctificate ecclesiam, et sequitur. Inter vestibulum et altare plorabant sacerdotes, etc.*»[y]

Dieu dit par la bouche de Sophonias le prophete:

Hec est civitas gloriosa et extra me non est alia.[z]

La congregacion des bons crestiens, c'est a dire saincte Eglise, est une glorieuse cité gouvernee et ordonnee par le saint Esperit. Aprés la quele plus n'en sera, se ce n'est la glorieuse cité de paradis.

[S]ANCTORUM COMMUNIONEM, REMISSIONEM PECCATORUM.

---

t) ZACHARIE, XII, 9: «Et erit in die illa: quaeram conterere omnes gentes quae veniunt contra Jerusalem. 10. Et effundam super domum David, et super habitatores Jerusalem, spiritum gratiae et precum: et aspicient ad me quem confixerunt . . . .»

u) lire: *respandray*.

v) lire: *Joël le*.

w) C'est une citation erronée de Sophonias, qui se rapporte au paragraphe suivant (voir note *z*).

x) lire: *ij*^e^.

y) JOËL, II, 15: «Canite tuba in Sion, sanctificate jejunium, vocate coetum. 16. Congregate populum, sanctificate ecclesiam, coadunate senes, congregate parvulos, et sugentes ubera. Egrediatur sponsus de cubili suo, et sponsa de thalamo suo. 17. Inter vestibulum et altare plorabunt sacerdotes ministri Domini, et dicent . . . .»

z) SOPHONIAS, II, 15: «Haec est civitas gloriosa habitans in confidentia: quae dicebat in corde suo: Ego sum et extra me non est alia amplius . . . .»

Cest article y mist saint Symon par la revelacion du saint Es- perit, et est en françois: «Je croy que tous bons crestiens par la saincte communion et les autres sacremens de saincte Eglise ont de leurs pe- chiez remission». Cest article nous fut bien formé par David le pro- phete si comme sy aprés s'ensuit.

Le saint Esperit dist par la bouche de David le prophete en ung pseaume ou il dit:

Dixi. Confitebor adversum me in justiciam meam Domino, et tu remisisti in, etc. aa)

Si tost comme le pecheur pence en sa confession a confesser a Dieu ses pechiez et defaultes, Dieu lui en fait maintenant remission par la merite de sa benoicte passion si comme dit Malachie le prophete:

Cum odio habueris d⟨i⟩mite. bb)

C'est a dire, que nous devons pardonner a toutes creatures toute la haine que nous avons eue a eulx.

[C]ARNIS RESURRECTIONEM. (f° 126 r°)

Cest article y mist saint Jude Thadee par la revelacion du saint Esperit, et est a dire en françois: «Je croy la generale resurrection qui se- ra quant tous ressusiteront, et avra chascune ame son mesme corps qu'elle avoit quant elle estoit en ceste mortel vie». Cest article nous fut bien figuré par Job le prophete si comme cy dessoubz devise.

Le saint Esprit dit par la bouche de Job le prophete ou xixme chapitre ou il dit:

Credo quod Redemptor meus vivit et in novissimo die de terra sub- rectus sum et in carne mea videbo Deum Salvatorem meum. cc)

C'est a dire: «Je croy que Jhesu Crist mon redempteur vit par- durablement et que chascun ressucitera au jour du Jugement et en sa propre char verra son Sauveur». La recevra chascun son loyer ou de bien ou de mal. Et ainsi dist Zacarie le prophete:

Ressucitabo filios tuos. dd)

«Je ressuciteré, dit il, toute la Trinité ee) (?) a saincte Eglise et au monde tous tes filz». C'est a dire, tous ceulx qui ont esté vis et mors au siecle».

[V]ITAM ETERNAM. AMEN.

---

aa) PSAUME XXXI, 5: «........... Dixi: Confitebor adversum me injustitiam meam Domino: et tu remisisti impietatem peccati mei».

bb) MALACHIE, II, 16: «Cum odio habueris, dimitte, dicit Do- minus Deus Israël ....»

cc) JOB, XIX, 25: «Scio enim quod Redemptor meus vivit, et in novissimo die de terra surrecturus sum. 26. Et rursus circumdabor pelle mea, et in carne mea videbo Deum meum».

dd) ZACHARIE, IX, 13: «......... suscitabo filios tuos, Sion super filios tuos, Graecia ......»

ee) lire: *l'umanité*.

Cest article y mist saint Mathias par la revelacion du saint Esperit, et est a dire en françois: «Je croy fermement que aprés ceste mortele vie sera vie pardurable qui jamais ne faudra», car les bons avront parfecte joye en corps et en ame, et les mauvaiz seront tourmentez en corps et en ame. Cest article nous fut bien demonstré par Abdiem le prophete si comme cy aprés s'ensuit:

Et erit Domin[o] regnum. Amen. [ff]

Le saint Esperit dist par la bouche de Abdiem le prophete: «Et erit Domino regnum. Amen».[ff] C'est a dire en françois, que aprés ceste mortele vie il sera ung royaume qui tous jours mais durra, du quel Dieu sera sires et roy et ou quel tous biens seront et vendront, ou quel royaume nous vueille mener et conduire le Pere, le Filz et le saint Esperit. Amen.

Paris. *G. Lozinski.*

La vicomtesse de Thouars et la dame d'Audenarde

dans l'*Arbre d'Amors* du ms. fr. 847 de la Bibliothèque nationale.

(Voir *Neuphilologische Mitteilungen*, XXIX, 7)

On se rappelle le petit problème que pose *Li Romans du Vergier et de l'Arbre d'Amors* que j'ai publié ici même il y a deux ans: à la fin du poème sont mentionnées, dans une sorte de dédicace, deux dames dont la seconde est désignée d'une manière parfaitement claire, tandis que le nom de la première pouvait paraître, pour un lecteur non initié, quelque peu énigmatique:

> Ce est la vicontesse a dire
> De Couart... 608
> Et la preus dame d'Audenarde...

J'ai eu l'heureuse idée de soumettre ce passage à M. Max Prinet, professeur à l'École des Hautes Études, qui possède,

ff) ABDIAS, 21: «Et ascendent salvatores in montem Sion judicare montem Esaü: et erit Domino regnum».

comme on sait, une compétence exceptionnelle en matière héraldique et généalogique. Après les renseignements que M. Prinet a eu l'obligeance de me fournir, il n'y a plus de doute possible quant au nom accolé à celui d'Audenarde: c'est bien *Touart*, c'est-à-dire Thouars qu'il faut entendre (et c'est avec raison que M. Bayot l'avait déjà proposé). Mais il y a lieu de rappeler tout d'abord, à propos du commentaire joint à mon édition, quelques faits d'ordre général. *Vicomte* était (non pas un titre nobiliaire, puisqu'il n'existait pas de *titres nobiliaires* au moyen âge), mais un titre féodal. Il y avait en effet d'une part des titres féodaux, comme *duc, comte*, et d'autre part des qualités ou qualifications nobiliaires, comme *chevalier, damoiseau*. En France, aux XIIIe et XIVe siècles, le titre féodal de *vicomte* était usité: vicomtes de Turenne, de Béarn, de Limoges, etc. Les vicomtes étaient des seigneurs parfois très puissants, tout autre chose que des gouverneurs de châteaux.

Or, parmi les vicomtés de France, l'une des plus connues est celle de Thouars (Deux-Sèvres). Les vicomtes de Thouars étaient alliés à la maison de Brabant: Blanche de Brabant, fille de Geoffroy de Brabant, seigneur d'Arschot, et petite-fille du duc Henri III, avait épousé Jean de Thouars, qui devint vicomte de Thouars. Elle est morte le 21 juillet 1306 et n'a jamais été vicomtesse de Thouars, son beau-père lui ayant survécu deux ans.[1]

D'autre part, les familles d'Audenarde et de Thouars se sont trouvées alliées, et de près. Renaud de Thouars, seigneur de Tiffauges, puiné de sa maison, mort avant la fin de 1269, a épousé Aliénor de Soissons, fille du comte Jean II (mort en 1270), et Jean, seigneur d'Audenarde, a épousé Alix de Soissons, sœur de ladite Aliénor.[2] Mais Aliénor de Soissons n'a jamais été *vicomtesse* de Thouars.

Des précieux renseignements fournis par M. Prinet on peut conclure que, quand bien même le poème ne serait pas

[1] Voir Père Anselme, *Histoire généalogique*, II, 793–94, et IV, 194–95.
[2] Voir P. Anselme *op. cit.*, II, 502–3, et IV, 194.

XXVI (1925). H. 1—2, 3—4, 5—7, 8. — 268 S. Fmk. 25. — A. v. Kræmer, J. Poirot in mem.; A. H. Krappe, The Source of Novellino, XXVIII; L. Karl, Les amours de M. Béjart; R. Pipping, Ein Fall von abs. Konstr. im Aschw.; O. Behaghel, Nachtrag zu den „Imperativnamen"; H. Petersen, Les orig. de la lég. de s. Eustache; E. Walberg, Rem. sur le texte de la 2e partie du Poème moral; Ph. A. Becker, Les coupl. de la coquille; H.-Fr. Rosenfeld, Nibelungensage u. Nibelungenlied; R. Riegler, Schw. *tordyvel*, 'Mistkäfer'; L. Karl, Un Écho; G. L. van Roosbroeck, The Source of Piron's „Clapperman"; E. Öhmann, Zu den finn.-germ. Lehnbeziehungen, II; A. Långfors, Un Écho, note add. — Bespr. v. A. Wallensköld (K. Titz, Glossy Kasselské; P. Studer and J. Evans, Anglo-Norman Lapid.; Maria di Francia, Eliduc, hrsg. v. E. Levi; Mél. off. à Ch. Andler; J. Forchhammer, Die Grundl. d. Phonetik; Fritzes Parlörlex., I: Svenskt-franskt⁸; Ripman-Rodhe, Ital. Nybörjarbok; W. O. Streng, Sanain merk. muutt.; Stud. i mod. språkvet., IX; L. Jordan, Afrz. Elementarbuch; F. Gennrich, Die afrz. Rotrouenge; O. Jespersen, Die Sprache; Mém. de la Soc. néo-phil. de Helsingfors, VII); K. Krohn, (A. Wesselski, Märchen des Mittelalters); A. Pipping (L. Spitzer, Ital. Umgangsspr.); E. Öhmann (Beitr. zur germ. Sprachwiss.; Festschr. E. Mogk); J. Öhquist (Wessely-Schmidt, Deutscher Wortschatz⁸); O. J. Tallgren (G. Millardet, Ling. et dialectol. rom.); W. O. Streng Gloss. des pat. de la Suisse rom., I); H. Schlücking (A. Köster, Die d. Lit. der Aufklärungszeit); L. Karl (Hist. litt. de la Fr., XXXVI, 1).

XXVII (1926). H. 1—2, 3—4, 5—6, 7—8. — 256 S. Fmk. 25. — A. Ferretti, La figura poetica di Santo Francesco d'Assisi; A. Jeanroy, Études sur l'ancienne poésie provençale, I: La structure de la chanson; F. Kluge, åband; A. H. Krappe, Shakespeare in Romance Folk-Lore; A Malin, Un documento fiorentino del Trecento; H. Petersen, Note sur une ballade adressée par Eustache Deschamps à Chaucer; ders., Une Vie inédite de saint Georges; R. Riegler, Nochmals schwed. tordyvel; Karin Ringenson, De et par comme expression du rapport d'agent; G. Schoppe, Ergänzungen zu Kluges Etymologischem Wörterbuch; H. Suolahti, Friedrich Kluge in memoriam.

XXVIII (1927). H. 1—2, 3—4, 5—6, 7—8. — 256 S. Fmk. 30. — A. Ferretti, Domenico Comparetti; A. Jeanroy, Études sur l'anc. poésie provençale; P. Katara, Bruchstücke eines mnd. Buches der Altväter; W. Krogmann, Die Anfangsstrophen des Ezzoliedes; A. Långfors, Dits de Notre Dame (ms. fr. 24432 de la Bibl. nat.); J. Morawski, Deux poèmes en quatrains monorimes; Le ms. 25418 de la Bibl. nat. et les Vers sur les 4 tempéraments humains; E. Öhmann, Sprachentwicklung und Milieu; D. Scheludko, Orientalisches im Abendlande vor Dante; Über *Parise la duchesse*; G. Schoppe, Beiträge zur deutschen Wortgeschichte; A. Sjögren, Notes d'étymologie française; W. Söderhjelm, Eine zweite Uppsala-Hs. der Disciplina clericalis; J. W. Spargo, The Basket Incident in *Floire et Blanceflor*; W. O. Streng, Une estampie du chansonnier d'Oxford; H. Suolahti, Wilhelm Braune in memoriam.

XXIX (1928). H. 1—6 (*U. Lindelöf* dargebracht), 7—8. — 288 S. Fmk. 35. — A. Långfors, Li Romanz du Vergier et de l'Arbre d'Amors; Y. Hirn, La verrière symbole de la maternité virginale; O. J. Tallgren, Un point d'astronomie gréco-arabo-romane; H. Suolahti, Zur Bedeutungsgeschichte des Verbums *lassen*; T. E. Karsten, „Deutsche" Rassenfragen; E. Öhmann, Hyperhochdeutsche Formen in mitteldeutschen Mundarten; P. Katara, Die unvollkommene Beichte eines Königssohnes; Å. Furuhjelm, Kopulaersatz durch *Verba eundi*; Modusassimilation; H. Pipping, Zur Deutung von Hóvamól 39; W. Söderhjelm, La *Copia exemplorum* du confesseur de sainte Brigitte; A. Malin, Légendaire de Langres; A. Wallensköld, Lat. mīrābĭlia dans les langues rom.; H. Petersen, Remarques sur la *Vie de saint Eustache* par Pierre de Beauvais; K. S. Laurila, Sprache und Anschauung; A. Jeanroy, Études sur l'ancienne poésie provençale, III; A. H. Krappe, Saga af Herrauði ok Bósa.

XXX (1929). H. 1—3, 4—5, 6—8. — 272 S. Fmk. 35. — A. Jeanroy, Études sur l'ancienne poésie provençale, IV; A. Sjögren, Sur un passage de la *Vie de saint Alexis*; Olga Puolakkainen, Kulturkunde im neusprachlichen Unterricht; Holger Petersen Dyggve, Notes critiques sur la *Vie de saint Eustache* de Dublin; F. Nobiling, Mallarmés Toast funèbre auf Gautier; Hugo Suolahti, Einige Bemerkungen zu mittelhochdeutschen Texten; E. Öhmann, Das Programm der Universitätsausbildung der Neuphilologen; Holger Petersen Dyggve, Chansons françaises du XIIIe siècle, I; A. Långfors et S. Solente, Une pastourelle nouvellement découverte; A. Godart, L'enseignement secondaire en France; B. E. Hildén, Bericht über die Neuphilologentage in Helsingfors.

XXXI (1930). H. 1—4, 5—8. — 272 S. Fmk. 35. — Holger Petersen Dyggve, Chansons françaises du XIIIe siècle, II; A. Långfors, Notice sur deux manuscrits de Gautier de Coinci; Ph. Aug. Becker, La Dame à la licorne; H.-F. Rosenfeld, *Geschâchzabelt*; U. Lindelöf, Late Middle English *waffore*; A. Långfors, Fragments de trois miracles de Gautier de Coinci (Bibl. Nat. nouv. acq. fr. 11.198); H. Spanke, Tanzmusik in der Kirche des Mittelalters; G. Lozinski, Recherches sur les sources du *Credo* de Joinville; A. Långfors, La vicomtesse de Thouars et la dame d'Audenarde (Bibl. nat. fr. 847); E. Öhmann, Kleine Beiträge zum deutschen Wörterbuch, I; A. Långfors, Le français à Genève; Le deuxième congrès international de linguistique romane.

Ausserdem erschienen im Verlage des Vereins die *Mémoires de la Société Néo-philologique de Helsingfors,* Bde I—VIII, 8°, und zwar in zwangloser Folge seit 1893.

Folgende Personen haben es gütigst übernommen, die Anmeldung neuer Abonnenten sowie die Einsendung der Abonnementsbeträge an die Redaktion zu vermitteln:

Hanko (Hangö): Mag. phil. Lahja Selänne.
Hämeenlinna (Tavastehus): Mag. phil. Laina Viluksela.
Kajaani: Lektor A. Paasio.
Kotka: Mag. phil. K. A. Aarnio.
Kristiina (Kristinestad): Cand. phil. Alma Laurén.
Lahti: Mag. phil. A. Tähtinen.
Maarianhamina (Mariehamn): Cand. phil. Bruno W. Forss.
Mikkeli (St. Michel):
Oulu (Uleåborg): Vorsteherin Fräulein N. Lilius.
Pietarsaari (Jakobstad):
Pori (Björneborg): Fräulein Hildur Koskimies.
Porvoo (Borgå): Fräulein Vivi Reinholm.
Rauma (Raumo): Mag. phil. Siviä Harjama.
Savonlinna (Nyslott): Lektor G. G. Ronimus.
Sortavala:
Tammisaari (Ekenäs): Cand. phil. A. Nummelin.
Tampere (Tammerfors): Mag. phil. Aale Ilmoniemi.
Tornio: Lektor F. E. Arve.
Turku (Åbo): Mag. phil. Margit Slätis.
Uusikaupunki (Nystad): Mag. phil. Veera Vesterinen.
Vaasa:
Viipuri (Viborg): Lektor G. Lindberg.

Helsinki 1930. K. F. Puromiehen Kirjapaino O.-Y.

www.ingramcontent.com/pod-product-compliance
Lightning Source LLC
LaVergne TN
LVHW020045170826
845678LV00001B/439

* 9 7 8 2 3 2 9 6 8 1 5 0 4 *